微管理
心理学

王凡 编著

Management

辽海出版社

图书在版编目（CIP）数据

微管理心理学/王凡编著.—沈阳：辽海出版社，2017.10

ISBN 978-7-5451-4439-0

Ⅰ.①微… Ⅱ.①王… Ⅲ.①管理心理学—通俗读物 Ⅳ.① C93-051

中国版本图书馆 CIP 数据核字（2017）第 249658 号

微管理心理学

责任编辑：柳海松
责任校对：丁　雁
装帧设计：廖　海
开　　本：630mm×910mm
印　　张：14
字　　数：155 千字
出版时间：2018 年 3 月第 1 版
印刷时间：2018 年 3 月第 1 次印刷

出版者：辽海出版社
印刷者：北京一鑫印务有限责任公司

ISBN 978-7-5451-4439-0　　　　　　定　价：68.00 元
版权所有　翻印必究

前　言

在世界经济大潮席卷的今天，很多企业都像雨后春笋一样纷纷开始萌芽生长，但在这些企业中，有很大一部分都在萌芽阶段就夭折了，仅有很少一部分能够顽强地生存下来，而在这很少的一部分中能够成长为"参天大树"的可谓凤毛麟角，这问题到底出在哪儿呢？

我们不妨整理出一条思路：一个企业要想发展，它最需要的就是人才，人才被招揽过来了，企业的管理者就要能好好地管理他们，留住他们，让他们为企业的发展贡献自己的力量。这样，企业才能发展，才能越做越大！所以说，一个企业如果做不大，很大程度上是因为这个企业的管理出现了问题。

我们在生活中总会听到很多管理者这样的抱怨：下属不听话，不知道应该如何去管理自己的下属……

当一个企业的管理者出现这样的抱怨，那么这个企业内部一定出现了问题。究其原因，在于管理者自己的管理方式出现了问题，他应该转变一下自己的管理方式了。

古语有云：吾日三省吾身。那么，管理者不妨做一下反思：自己在日常的工作中有没有经常对下属无缘无故地发脾气，自己是不是经常批评下属，自己有多长时间没表扬过自己的下属了……所有这些，看似小事，其实就是下属不听话，不好管理的根源所在。

管理者带队伍，在一定程度上带的就是人心。俗话说："人心齐，泰山移"。在一个企业中，只有管理者和下属心往一处想，劲往一处使，企业的发展才能良好，才能迅速，每个人的工作效率才能提高，每个人的作用才能发挥到极致。

所以说，要想做一个好的管理者，首先要学会带好自己的队伍，队伍带好了，困扰管理者的一切烦恼也就烟消云散了。想要带好自己的队伍，首先就是得到下属的人心。要想赢得下属的人心，那么，作为一个管理者，就应该对下属进行微管理。从日常工作中的一点一滴入手，让下属感受到你的关怀和对他们的尊重，从微管理出发，由点及面，从而让公司的发展越来越好！

本书就是从管理者的角度出发，告诉管理者该如何对下属进行微管理，从而让自己的下属积极起来，让团队团结起来。通过十个微管理的关键词，为管理者打开一扇让企业快速发展的"和谐之门"！

目 录

第一章 微管理关键词之一——完善

用阳光的笑脸成就自己完美的领导形象……………………… 2
学会感染下属，做下属的"主心骨"…………………………… 4
要善于发挥优秀下属的作用……………………………………… 6
有一种强烈的使命感……………………………………………… 8
用能力说话，做好下属的榜样………………………………… 10
做好表率，上下才能齐心……………………………………… 13
以"德服"为上的领导最受尊重………………………………… 15
放低姿态，下属面前没架子…………………………………… 18
道德至上，要有责任感………………………………………… 22
平衡关系，把握好层级距离…………………………………… 25
作为管理者，要有团结能力…………………………………… 28

第二章 微管理关键词之二——雅量

搁置成见，雅量容人…………………………………………… 33
和谐相处，你要知道的五个"必须"…………………………… 34
懂得宽容，宰相肚里能撑船…………………………………… 36

大人不计小人过…………………………………………… 39
有话当面说，有事私下谈………………………………… 42
给下属留面子，给下属留条路…………………………… 45

第三章　微管理关键词之三——协调

"软硬兼施"，对待下属应这样…………………………… 50
学会忍耐和斗争的艺术…………………………………… 51
对于冲突和矛盾，不要逃避，要面对…………………… 53
"迂回前进"的协调方式…………………………………… 56
"泄愤释怒"的协调方式…………………………………… 57
引起冲突的五种原因……………………………………… 58
部门之间要经常沟通，才能避免矛盾…………………… 60
正确对待"难缠的下属"…………………………………… 62
安抚年长下属的三个要点………………………………… 65
"说服"是化解冲突的良好途径…………………………… 67
设计说服工作的三条原则………………………………… 69
尊重对方可以化解其心理障碍…………………………… 70
一定要明确对方的态度…………………………………… 73

第四章　微管理关键词之四——沟通

清楚沟通的意义…………………………………………… 78
沟通的四种基本方法……………………………………… 80
提高沟通的四种方法……………………………………… 83

改善与下属交流的三个技巧……………………………… 84
抓住对方的心理细节……………………………………… 86
主动沟通的四个技巧……………………………………… 87
交谈中忌讳的四件事……………………………………… 88
掌握会见的六种技巧……………………………………… 90
很好地把握说话的尺度…………………………………… 91
换位思考，站在下属的角度思考问题…………………… 92
沟通至上，成为下属的良师益友………………………… 95
恰到好处地运用身体语言………………………………… 99

第五章　微管理关键词之五——引导

管理目标要正确…………………………………………… 102
对目标庖丁解牛，才能步步实现………………………… 103
下属自我管理的范畴……………………………………… 104
诚信，管理者与下属共同拥有…………………………… 105

第六章　微管理关键词之六——奖励

只有奖励才能调动积极性………………………………… 109
调动积极性——金钱奖励………………………………… 111
常做一些令人感动的事情………………………………… 113
建立完善的奖励标准……………………………………… 115
不光奖赏，还要惩罚……………………………………… 117
失意的要多激励，有能力的要奖励……………………… 119

有反馈的奖惩才能使下属接受……………………………… 122

第七章　微管理关键词之七——激励

先明白激励的因素有哪些………………………………… 126
适当减轻下属的压力……………………………………… 127
让下属更敬业的五个技巧………………………………… 128
运用薪酬外激励的三种方法……………………………… 130
积极参加聚会，与下属互敬为友………………………… 131
正确的目标能激发人的斗志……………………………… 134
利用下属的好胜心………………………………………… 135
激发下属的奋进心………………………………………… 137
用真情打动下属的心……………………………………… 139
尊重下属的建议…………………………………………… 142

第八章　微管理关键词之八——适度

表扬的三种方式需要你了解……………………………… 146
表扬的时候注意两点……………………………………… 148
给予下属一个超常的评价………………………………… 149
把下属的每一个进步都看在眼里………………………… 150
批评贵在到位、及时……………………………………… 152
斥责想有效，有八个标准………………………………… 153
批评切忌用恶语伤人……………………………………… 156
批评切忌捕风捉影、主观行事…………………………… 157

第九章　微管理关键词之九——鼓励

下属的个性空间需保留 …………………………………… 160
管理之本在于用人 ………………………………………… 162
下属的自我评价需正视 …………………………………… 165
认可自己下属的方方面面 ………………………………… 166
鼓励下属，不要做打击他积极性的人 …………………… 168
信任也是一种鼓励 ………………………………………… 170
容忍下属的失败，鼓励屡败屡战 ………………………… 172
尊重下属的个性，鼓励其职业发展 ……………………… 175
不信任下属是企业最大的浪费 …………………………… 177
树立下属们精神上的"归属感" …………………………… 179
坚持人尽其才的主张 ……………………………………… 183
下属的职责可以适时扩大 ………………………………… 184

第十章　微管理关键词之十——感情

感情投资，丰厚的回报等着你 …………………………… 189
多一点人情味，少一些叛逆心 …………………………… 192
为自己的下属争取利益 …………………………………… 195
好兄弟，讲义气 …………………………………………… 197
多为下属谋福利 …………………………………………… 199
君子一言，驷马难追 ……………………………………… 202
多向下属虚心讨教 ………………………………………… 204

尊重下属的兴趣…………………………………… 207
让下属帮自己一个忙……………………………… 211
与下属同甘共苦…………………………………… 212
帮助下属等于帮助自己…………………………… 213

第一章

微管理关键词之一——完善

有一句话说得好：火车跑得快，全凭车头带。对于一个企业而言，管理者就是这个企业的"车头"，想要做好管理，首先要把自身的素质提高，完善自己，这样才能让下属信服你、尊重你、听从你。

用阳光的笑脸成就自己完美的领导形象

微笑是最美丽的语言，它拥有润物细无声的作用，在人际交往中有"润滑剂"的功效，无需解释就能拉近人与人之间的距离，化敌为友，化干戈为玉帛。

但是，有一些管理者对微笑的作用存有误解。他们觉得，领导要严肃才有威严，如果常常微笑，下属就不会把自己放在眼里，这样不利于对下属的管理。这样想完全是错误的。原因有二：

第一，下属不是"犯人"。他们辛苦为你工作，你却不分场合，时时刻刻都板着一张脸，你觉得这样合适吗？

第二，用权威压人，即使很有效，也不是真正的服从。这样的服从不仅不会给管理者增添威严，反而会损害管理者的形象。下级有了惧怕之心，不敢给管理者提意见和建议，甚至不愿接触、接近管理者，这显然不利于领导开展工作，是很可怕的。

于情于理，不分场合、不分情况的严肃都不是正确的态度。它不仅不利于与下属的沟通，更不利于提高自己的威信。

年初，李总到一家大型公司任职，不久就发现，开会时，只要他在场，气氛就会很冷，每个人发言都不到两句话就结束了。有的女孩子向他汇报工作时，头低得很低。上楼时，他还能听见下属办公室里激烈的"舌战"，一看到他来了，办公室马上变得鸦雀无声。这样的情况让他有些不解，还以为是他这个新来的领导不受下属待见，很是懊恼。可是经过多方打听，他才知道那是因为他的神情太严肃，总是板着面孔，让人感到害怕。

从此以后，他开始从"脸"上做起，经常对着镜子练习微笑，休息时，尽量放松心情，和下属们谈笑风生。过了不久，在会议上，大家都能踊跃发言，并且工作效率也大大地提高了。

一个管理者的脸是冷若冰霜还是挂着微笑，效果大不一样。微笑表达的是一种认同和肯定，是赞许、理解、宽容、关爱。领导对下属微笑，会让下属产生一种"被重视感"，会消除彼此之间的陌生感，也会令下属消除自卑和紧张。从这个意义上来讲，一个领导会不会微笑，直接影响到整个团队的人际关系、精神面貌和工作效率。

这里，我们套用诗人北岛的一首诗："微笑是领导的通行证，刻板是领导的墓志铭。"这一点也不为过。例如，一个领导害怕别人不服从他的管理，于是对下属总是冷眼相看。下属做出了成绩，他却担心下属骄傲或者抢了他的位子，结果是下属对他的评价非常不好，甚至已经开始对他当面一套，背地里一套。没有一个核心的领导，团队做起事来也就没有合作精神。

管理当然要赏罚分明，在工作态度和工作原则上，严格要求没有错，但是在上下级之间的关系上，一定要有一个融洽的氛围。如果下属遇到不如意的事情，微笑着体谅安慰；如果下属为公司做出成绩，就笑着鼓励夸奖，这样才能使你成为有人情味的领导。同时，微笑能够展现你的魅力，领导的个人魅力也是下属追随你的一个很重要的原因。

要想学会微笑，领导必须要以平等之心对待下属，对下属有真情，对下属有真爱。有的人又说了，我心里有苦恼，有忧愁，想笑也笑不出来啊！的确，心有戚戚，很难"产生"微笑。但是，我们应该懂得，个人的情绪不应该带到工作中，也不应该影响他人。最好的做法是，以微笑减缓苦恼和忧愁，以微笑对待他人和工作。可以说，自己处于困苦之境却仍能保持微笑，这是一种境界。

微笑看起来是省力的，动动面部肌肉，弯一下嘴角就能完成。同时它也是最不易的，因为微笑必须来自真情和宽容之心，这需要有一定的修养和长期的坚持。所以说，不要看了文章就微笑一下了事，应该把它当作一门"常修课"。当你真正变成一个"阳光"领导的时候，不需要刻意塑造，不需要大加宣传，你自然就是下属心中的"完美"领导。

学会感染下属，做下属的"主心骨"

管理者的自信是鼓励整个集体成员积极性的重要因素。成功的管理者明白：只有以十分乐观自信的态度工作，才能增强集体成员的信心。

乐观自信就是一个人能勇于面对困难和挫折，并积极地想方设法克服困难，迎接挑战，相信自己的智慧和能力，深信自己能够完成任务，实现既定目标的思想境界。管理者的乐观自信表现在两个方面：

第一，相信自己的智慧和能力，相信自己能够胜任所担负的工作，相信自己有能力管理一个集体并且完成任务。

第二，相信自己所在的集体的力量，相信集体具有实现既定目标的能力。与乐观自信相对的是悲观自卑，也就是不相信自己和集体的力量和智慧，对自己的工作和集体的工作失去了信心，对取得最后胜利持悲观态度。

一个管理者是否具有乐观自信的心理品质有十分重要的意义。乐观自信是调动自身积极性、克服困难的前提。一些心理学家认为，缺乏乐观自信常常是性格软弱和不能取得事业成功的主要原因。通过正确认识自己的力量，建立起必胜的信念，会把人各方面的力量调动起来，使大脑皮层的神经联系暂时处于兴奋状态，管理者才会注意力格外集中，精力格外旺盛，思维也格外敏捷，各方面的力量才能得到充分地发挥。相反，如果缺乏乐观自信的精神，就无法调动自身的积极性，甚至会导致破罐子破摔、自暴自弃的结局。这样的管理者当然不会取得成功。

管理者的自信也是激发整个集体成员积极性的重要因素。事实证明，一个管理者只有以十分乐观自信的态度从事工作，才能增强集体成员的信心；如果管理者失去了乐观自信，集体成员就会产生悲观情绪，甚至产生互相埋怨、管理混乱的局面。拿破仑在一次与敌军作战时遭遇顽强的抵抗，队伍损失惨重，形势非常危险。拿破仑也因一时不慎掉入泥潭中，被弄得满身泥巴。此时的拿破仑浑然不顾自己，内心只有一个信念，那就是无论如何也要打赢这场战斗。只听他大吼一声"冲啊"，他手下的士兵见到他那副滑稽的模样，忍不住都哈哈大笑起来，但同时也被拿破仑的乐观自信的精神所鼓舞。一时间，战士们群情激昂、奋勇向前，最终取得了战斗的胜利。

无论处在任何危急的困境中,都要保持乐观自信的心态。尤其作为一个管理者,你的自信可以感染到你的下属。

要善于发挥优秀下属的作用

纵使千鸟掠过,我自岿然不动。能把别人优点变成自己优点的人,一定能成为无往不胜的管理者。

成功的管理者懂得如何面对比自己更优秀的下属。当发现比自己能力更强的下属时他明白该怎么做。

《庄子》里有这样一个故事。战国时,惠施在魏国当相国,庄周来到魏国准备与他会面。惠施听说,庄周这次来魏国的目的是想取他的相国之位而代之,所以十分紧张。惠施命令官兵在都城搜捕了三天三夜,但还没抓到庄周。正当他坐立不安而又无计可施时,庄周自己找上门来了。庄周给惠施讲了一个故事,说"南方有一种鸟,从南海出发,飞到了北海。不是梧桐树它不会栖身,不是仙果它不会吃,不是清冽的甘泉它不会喝。一只猫头鹰弄到了一只死了好几天、身体都腐朽了的老鼠,正巧该鸟飞过,猫头鹰抬头看见了,以为这只鸟想吃它的老鼠,于是发出惊叫吓唬它,现在,你难道也要用魏国来'吓'我吗?"

现代社会,像惠施与猫头鹰这样以小人之心度君子之腹的人是大有人在的。例如,有的人害怕有才能的人调入自己的单位或部门,担心自己的地位保不住,被人取而代之,于是想方设法要去整这个人。

其实，要从两方面去看待这个问题。一是，巨石尚且压不住雨后春笋冒尖，你即使百般阻挠，岂能阻止新锐脱颖而出？二是，你现在的职位在你眼里是宝座，别人是不是稀罕呢？所以，一个优秀的管理者不要处心积虑地去压制你的下属，而是要想方设法让这些比你更优秀的人为你效忠。当然，在你海纳百川、择贤用人的同时也不要忘了自身的学习与完善。

下面是一个普通工作团队的故事，也很好地说明了这个主题。

"我们走的方向就不正确"，史密斯嚷嚷着摔门而去。在某项目的研究工作中，史密斯强硬地坚持己见，而且经常与其他人发生矛盾冲突。这样的消息不断传到实验室负责人达琳的耳朵里。"其实他非常聪明，而且很优秀"，这是达琳对他的评价，但他与团队的其他人不和又确是事实。

"谈什么团队合作，走出实验室的每一分钟都是浪费时间。"维克多也是一位出色的科学家，他同样对合作的团队不屑一顾。

查理和麦克这两个达琳的得力干将被分到一个项目组后居然水火不容起来，在一个重大问题上，两个人的意见相左。

达琳管理着安伦在全球范围的三间实验室，她认为，在这个世界性的研究机构里，很多下属在自己的专长领域内可以称雄，同时也能够顾全大局，但在这样一群受过高级教育且经验丰富的科学"狂人"中，总有一些让达琳爱也不是恨也不是的"牛"人。他们很行，因此他们也很"牛"，并且开始对团队表现出杀伤力。怎样让这些有着强烈的自我愿望、自视清高的"牛"人安分地步入公司既定的目标轨道呢？

我们来看看达琳是怎么处理这个难题的。对于上面提到的"问题"下属，达琳采取了不同的管理方法。

（1）换环境疗法

如果那个人不适应研究的环境，这时候你大可试试将他用于其他地方，因为他的确是人才。如果仍然无效，只好让他离开了。达琳将史密斯调到另一个能让他尽情发挥的项目上，他非常兴奋并且出色地完成了任务，还创造了一些伟大的突破。

（2）提示法

对合作表现出不屑一顾的人也许并非本意，只需要尽可能考虑周到地让他们意识到问题，这样就足够了，很多时候必须与下属沟通以建立更好的理解。

（3）求同存异

像查理和麦克这样两位均有巨大贡献的下属出现分歧后，达琳试着与他们分别谈话。因为是行内出身，达琳很快意识到他们意见里的90%都是一致的，只是10%有分歧，处理好这10%是很容易的。沟通之后，达琳得到了想要的结果，问题便迎刃而解了。

有一种强烈的使命感

管理者必须具有强烈的使命感和责任感，要对企业有极高的忠诚度。如果企业的管理者都对企业没有强烈的使命感、责任感和极高的忠诚度，又怎么能要求下属对企业有使命感、责任感和忠诚度呢？如果管理者对企业没有使命感、责任感和忠诚度，往往会导致企业的夭折。郑州百文股份有限公司就是一个典型的例子。郑州百文杭州分公司的总经理利用郑州百文的销售渠道销售自己的产品，让所有的收入进入自己的账户，让所有的成本进入郑州百文的账户。这样来做，郑州百文不垮才怪呢。

《致加西亚的信》中讲述了这样一个故事：美西战争爆发后，美国总统麦金莱需要和西班牙的反抗军首领加西亚取得联系。但是当时加西亚在古巴丛林的山里，而且没有人知道确切的地点，然而美国总统又必须尽快得到他的帮助。于是总统找到了安德鲁·罗文中尉，因为只有他才有办法找到加西亚。结果，罗文不负重托，穿过危机四伏的国家，历经险境，仅用3个星期就找到了加西亚将军，并郑重地把信交给了他。

在罗文送信的过程中，他没有任何强制约束，他完全可以不送信或者中途跑掉，但他没有。正是他内心的责任感、使命感以及忠诚度等道德规范支撑着他历尽艰险将信送给了加西亚将军并成为民族英雄。

罗文中尉取得成功最重要的因素不是因为他杰出的军事才能，而是在于他优良的道德品质，它包括对职业的忠诚和敬业、对领导的服从和诚信。在这个满世界都在谈论"变化""跳槽"的时代，对管理者提出责任感的要求并不过时，因为管理者的这些基本道德水准正是企业发展的基石。

用能力说话，做好下属的榜样

有些领导喜欢抱怨下属能力不行，成长速度太慢。你可知道，下属在私下里都说："需要努力的恐怕是他自己吧！"在这种相互质疑中，领导制定的制度不能有效执行，下属对领导不满，企业还能有可持续发展的动力吗？

责任人是谁？毋庸置疑，是领导。因为你没有成为下属的榜样，不能对他们产生影响。古人云：欲为强将，先强其兵，强兵之上无弱将。欲为强将，先强自身，再强其兵，强兵之上无弱将，弱将怎能强其兵？

通俗地讲："兵熊熊一个，将熊熊一窝。"一个弱的领导怎么会带出强的士兵呢？由此可见，管理者在企业管理中首先要做的就是用能力说话，然后才能言传身教，带出优秀的下属。与其抱怨部下成长不起来，不如首先让自己成长起来。因为领导自己都成长不起来的话，部下也是无法成长的。

面对激烈的市场竞争，某公司改制为竞争上岗制，结果没有得到有效地贯彻。A凭着多年的人际关系和资历继续主管业务部门。一天，一个业务员跟A汇报工作，说最近手头有个大客户，可是担心搞不定，想要领导给点建议。A非常高兴，于是了解了该客户的资料，并且说："我带你去，你看我是怎么搞定的，你以后就会了。"

当天，A领导带着这个业务员来到了客户公司。A领导见到客户说："你好，这是我们的产品，我们的这个产品是非常高端的……"谁知还没等他夸完自己的产品，客户就一口回绝了，没有给他任何机会。这让领导A非常尴尬。

第二天，这件事在业务部就传开了，下属们都嗤之以鼻。业务员B非常有能力，这个在别人眼里的笑话，在他眼里却是个机会。他开始认真研究那个客户的资料，了解其个人背景，知道这个客户对下属非常看重，比较民主。准备工作好了以后，他没有直接去客户的公司，而是直接找到客户公司的一个下属，把产品赠送给他，并且跟他说："你先用，如果产品好，你就推荐，这样你也会有功，如果不好，你就直接扔了。"

结果是，那个下属拿着非常优质的产品向老总推荐。接下来，一切很顺利，业务员B拿到了这笔大单，最后取代了领导A而成为了业务主管。曾经的同事，现在的下属都纷纷向他取经，他也很愿意传教，原本死气沉沉的业务部风生水起。

领导A自身能力不足，还不知道学习，最后不仅带不出优秀的下属，还让后浪拍在了沙滩上。业务员B拥有很强的能力，还愿意将经验传授给下属，当然能组建一个优秀的团队。

"没有不好的下属，只有不好的管理者。"我们不应该抱怨下属的能力不行。作为管理者，你不只是一个发号施令的上级，更应该成为指导下属进步的老师。下属没有能力，工作效率差，是管理者没有能力，没有给下属做一个好的榜样。

榜样的力量是无穷的，一个领导若没有能力，又怎么能让下属服气？能力是权威最好的注解，是你是否具有影响力的第一标准。很多领导都在感叹："谁拿走了领导手中的奶酪？"其实不是谁拿走了，而是你自己弄丢了。没有能力就意味着失去权威。失去权威就意味着你不能给下属一个好的榜样。

要想给下属做一个好的榜样，就要不断地学习，不断地加强自己各方面的能力。那么，管理者有哪些途径可以学习呢？

1. 从工作中反思

思考是领导每天都需要做的事情。在职场上，实践是提高能力最快的手段。所以，管理者应该走出办公室，发现问题，解决问题，在不断的实践中提升能力。当然，管理者不能事事亲力亲为，这样要下属干什么？所以下面的第二点很重要。

2. 从下属身上学习

下属是实践的主体，与下属多沟通，听取他们的意见和建议，收集素材，是管理者学习中很重要的一部分。

3. 参加管理培训

企业发展日新月异，用一成不变的模式很难把企业管理好。在适当的时候为自己充电，是一个很不错的提高能力的方式。

只有自己强大了，你才有能力带领团队，才能够去培养你的下属。但是这里有一个问题，只要自己足够强大就行吗？绝对不行。能力强大了，还要"肯带，愿培养"，把你的东西传授给下属，让他们成长起来。他们的发展让你有动力更好地成长。你要知道，死水是没有任何生命力的。只有让你的知识和能力得到不断地更新，才具有可持续的动力。

做好表率，上下才能齐心

成功的管理者明白一旦通过表率树立起在下属中的威望，将会上下同心，大大提高团队的整体战斗力。得人心者得天下。

春秋时期，晋国有一名叫李离的狱官，他在审理一件案子时，由于听从了下属的一面之词，致使一个人冤死。真相大白后，李离准备以死赎罪，晋文公说："官有贵贱，罚有轻重，况且这件案子主要错在下面的办事人员，又不是你的罪过。"李离说："我平常没有跟下面的人说我们一起来当这个官，拿的俸禄也没有与下面的人一起分享。现在犯了错误，如果将责任推到下面的办事人员身上，我又怎能做得出来？"；他拒绝听从晋文公的劝说，伏剑而死。

正人先正己，做事先做人。管理者要想管好下属，必须以身作则。示范的力量是惊人的。它不但要像先人李离那样勇于替下属承担责任，而且要事事为先、严格要求自己，做到"己所不欲，勿施于人"。一旦通过表率树立起在下属中的威望，将会上下同心，大大提高团队的整体战斗力。得人心者得天下，做下属敬佩的领导将使管理事半功倍。

榜样的力量是无穷的。与其喊破嗓子，不如做出样子。只有以身作则，以实际行动去影响人、激励人，才能起到事半功倍的效果。如果不学无术，夸夸其谈，说得多，做得少，就会使下属失望，挫伤下属的积极性，增大团队"离心力"。

"其身正，不令而行，其身不正，虽令不从"。以自己的行动去带动别人，实际上也是对越轨行为的无声批评，其效应是正面批评无法代替的。

一个领导可以引人向善，也可以引人作恶。不要向你的部下说教——这非但一点用处也没有，反而会使情况变得更糟。你要求他们怎样做，你自己也要那样做。在日常生活方面，你将会很惊讶地发现，有很多下属模仿你的生活方式。一位高声吼叫，不注重个人外表的上尉，将拥有一个高声吼叫，而且外表邋遢的团队。你的团队就是你自己的反映。

自我牺牲是管理才能中的必要条件。你时时都在付出、牺牲。你必须要求自己担任时间最长、最困难的工作，并且负担起最重大的责任。你必须每天早上最早起床，晚上最晚入睡。当其他人已经安然入睡时，你还要工作。你要同情及谅解你部下的困难。例如，某位下属的母亲死了，还有一位则因为银行倒闭而失去了一切积蓄。他们可能需要帮助，但更需要同情。不要犯这种错误：说你自己的麻烦已经够多了，拒绝帮助他们。如果这样做，你每这样做一次，就等于敲掉了你房子地基的一块石头。你的部下就是你的基础，长此以往，你的"管理才能"的房屋将会倒塌。你应该尽量经常自掏腰包照顾你部下的健康与幸福，或是帮助他们渡过难关。一般来说，你所花的这些钱会有回报。也许有时候，你会损失一点钱。即使如此，这种损失也是值得的。你的"士兵"就像小孩子。你要照顾他们，尽你的最大努力为他们提供住宿、食物与衣服。你先要使他们有饭可吃了，然后才能为你效劳。你要使他们每个人皆有一张床睡觉，然后再来考虑你将在何处睡觉。你关心他们的舒适与否，要胜过关心你自己。在做完这些行动之后，你将为原来就像是一架机器的部队增添了生命活力。你在你的团队中创造了一个灵魂，使整个团体和你结为一体，仿佛成了一个人。这就是大智慧。

以"德服"为上的领导最受尊重

三国时期的刘备有一个很大的特点，也是他能够集结天下英雄为己所用的原因："以德服人"。"以德服人"出自《孟子·公孙丑上》："以力服人者，非心服也，力不赡也。以德服人者，中心悦诚服也。"意思很明确，以力量镇压，就是归顺了，也没有真正的臣服，而以德服人，才能做到真正的收揽人心。

中国文化讲究中庸，做事先做人。学会做人是一切事业人生的基础，在管理中同样适用。管理的技巧有多种，不同的管理者有着不同的管理风格，有的是以力制人，有的是以势迫人，有的是以情感人，有的是以德服人。尽管这些管理风格各有千秋，但中国企业的老板们推崇以德服人。无它，盖以德服人者，逸而顺。

说得简单些，就是以德服人者，管理成本最低，管理效能最大，同时又避免了下属们的情绪反抗。因此，以德服人是一个领导与下属双赢的举措。我们拿三国时期的故事来进一步分析。

曹操在历史上被称为奸雄，他生性多疑，野心很大，但是他拥有很丰富的管理智慧。他下面的将领们都非常遵从他。一年夏季麦收时节，曹操率领大军去打仗，沿途的百姓都躲到了村外。他们害怕官兵，没有一个人敢回家收割小麦。

曹操得知后，张贴告示，并派人挨家挨户地通知：如果有士兵敢践踏麦田，或者破坏农民收割的庄稼，立即斩首示众。号令一出，官兵们在经过麦田时，都下马扶着麦秆，非常小心，没一个敢践踏麦子的。老百姓看见这种情况都纷纷称赞。

突然，麦田里飞起的一只鸟惊了曹操的马。马受惊吓后一下踏入麦田，踏坏了一大片麦子。曹操要求治自己践踏麦田的罪行。官员说："我怎么能给丞相治罪呢？"曹操说："我亲口说的话都不遵守，还会有谁心甘情愿地遵守呢？一个不守信用的人，怎么能统领成千上万的士兵呢？"随即拔剑要自刎，众人连忙拦住。

后来曹操传令三军：丞相践踏麦田，本该斩首示众，因为肩负重任，所以割掉自己的头发替罪。曹操断发守军纪的故事一时传为美谈。

曹操拔剑自刎的行为，有人认为是作秀，怎么可能随便因为一片麦子就自杀？这是他善于运用"德服"，他的将领才会死心塌地地跟着他。他无疑是一个成功的管理者。

以德服人能够让下属信服，继而产生一种"信仰"，信你并且甘愿为你做事。"德"在国人心中是至高无上的地位，领导管理下属时，如果能恰当地用"德"，下属们也会产生一种爱屋及乌的情感。

如果再深入探究，德服能够让下属自觉地受到领导"德行"的召唤，会自发地进入自我管理的状态中，认真负责地把工作做好。能够让下属"自觉"，这是管理的最高境界。无论是制度、情感，还是德服，所要追求的就是下属自主自愿地做事。

说完领导为什么德服，然后就要说领导如何以德服人了。

领导的"德服"包括了两个方面：一是磊落正直的品行；二是终成大业的不凡能力。前者带给下属一种安全感，一种"士为知己者死"的冲动；而后者则意味着下属的"以身相许"是值得的，可以带给自己未来的成功与荣誉。具体来讲，德服具有以下几个特征：

（1）德服须情理并施。首先确认哪些是情有可原，哪些是必须要据理以辩，这样才能够明确判断何种错误源自于人性本身，何种失误是部属的失职所为，理应为此遭到责罚。如果缺少了这个条件，管理者就会成为一塌糊涂的老好人，非但无"德"，反而会失去别人的尊重。

（2）领导要德服，必须给下属一个愿景。单纯的个人道德是领导必须要有的，但是还不够，作为一个领导，"德"要更大。我们无法想象下属会热心于一桩与己无关的"事业"，也无法想象一种无益于社会与他人的"德"。领导只有把"德"与"目标"结合在一起，才能让人有追随的愿望，这是形成影响力的根本条件。

（3）要德服必须要对人性有所洞察。只有基于人性的德服才能真正起到作用。把自己当作一个统治者也不是很好的做法。只有洞察人性，把自己和下属的位置摆到一起，用公平且带有针对性的措施，才能使"德服"不至于变味，变成领导的自吹自擂。

在管理中，只有"德服"，才能使一个团队积聚力量，才能产生一个强有力的领导，形成一个对外有竞争力、对内有凝聚力的团队，只有依托管理者的高尚品格建立起来的威望，才会带给团队中每一个成员强烈的使命感、荣誉感和成就感。

"德"不是领导管理中的一个调剂品。古人云："小胜靠智，大胜靠德。"领导的德行是一个团队得以前进的旗帜，它具有引领和示范作用，它可以唤醒下属的归属感和使命感。"德"在领导的管理中至关重要。只有领导提高自身的道德品质，以身作则，用自己的行动说话，下属才会在你的德服的感召下努力工作。

放低姿态，下属面前没架子

俗话说，"伴君如伴虎"，为什么呢？因为有的领导在下属面前把自己当作"神"，喜欢摆架子，认为那是一种身份的象征。于是，他们嘴里总说："姜还是老的辣"，下属是"嘴上无毛，办事不牢"，"胎毛未退，乳臭未干。"

刻意在下属面前强调自己的权威，就是摆架子。年轻人确实经验不足，但是这不足以说明他们没有能力、没有专长。如果自以为是，就会进入一个盲区，既看不到下属身上的能量，也就不能很好地培养和利用。下属也因为"怕你""反感你"而不愿主动付出。这样做的危害非常之大。

1. 增加管理者的决策风险

下属是直接面对工作问题的人，他们也是掌握市场信息最多的人，这些信息和问题都是管理者形成工作决策的依据。如果在下属面前摆架子，他们会离你越来越远。管理者只根据自己的判断做决策，最后不是偏离工作目标，就是造成严重的后果。

2. 不利于团队合作

不尊重下属的直接后果是下属绝不会为你着想。一旦下属开始对一个团队或一个企业感到失望，团队意识就会降低，这样的企业是一盘散沙。

3. 下属工作的积极性降低

人在比较自由的环境下较容易富有创造性，也能产生更大的效能。否则，人的主观能动性不能得到积极地发挥。身份和权威的压迫会使下属整天活在战战兢兢中，尤其对脑力工作者来讲，是非常不利的，完全发挥不出应该有的水平。

带领下属把工作做好是一个管理者的最终目的。怎样招揽到人才是一个策略，而怎样留住人才是一个管理者更需要考虑的事情。首先要做的就是放下自己的架子，与他们平等相处，这样他们才愿意继续为你效力。

陈浩原本在一家公司担任部门经理，最近他跳槽到一家酒店做经理。刚上班一个月，原来的老总就找上门来了，说要请他喝酒。

陈浩深感意外，但是也不好拒绝，只有笑脸相迎。

两人慢饮细说，李总情绪看来很不错。他与陈浩说起自己创业的往事，眉飞色舞的，两人俨然成了莫逆之交。随后，他开始关心陈浩的近况，说："很好吧？是不是干得很顺手？"陈浩把现状好好地描绘一番：很受老板的赏识，手下协作也不错，初步估算，在年内可以赢利 50 万元。陈浩说得很畅快，李总淡然一笑，说："四五十万吗？我认为太少了。""就这么个小小的酒店，一年赚这么多已经很不错了……"陈浩小声地辩解道。

谁想到李总一本正经地说："依我看啊，你是有大才的人，这个小地方委屈你了，你应该能赚几百万的，考虑回去跟我干，怎么样？"

陈浩没想到李总要挖他回去，深感诧异，这是他从来没有想过的事情。哪一个老总肯主动要已经跳槽的下属呢？"我想问题和做事情向来是认真的，你的房子还给你留着呢。"李总说。走的时候，李总留下一句话："你要愿意来，我等着你。"

陈浩最后决定返回公司。一年后，经过东拼西杀，陈浩为公司获利几百万。

可见，管理者要彻底放下官架子，用平和的语气与下属讲话，真正体现尊重一词，激励才能有效。诚意就是灵丹。孟子说："人之相识，贵在相知；人之相知，贵在知心。"

得人心先用心，只有把架子放下，尊重下属，与之和平相处，才能建立起融洽的关系，下属才能更积极主动地为你着想，把工作做到最好。

在中国,"官本位"的思想根深蒂固,商界亦不能免俗。这个"总",那个"总"的,比比皆是。要想放下架子不是一件容易的事,请参考以下的方法:

1. 忘掉"总",用"心"管理

在和下属面对面时,不要给人一种高人一等的感觉,领导和下属之间只是职务不同,并无高低贵贱之分。一旦你表现出唯我独尊时,隔阂也就产生了。在下属们间"灭绝师太"、"东方不败"的调侃中,其实你已经没什么威严了。

2. 适可而止,不要当面训斥下属

下属完不成工作任务,有时候不是他没有积极努力,而是你的安排可能不合理。下属犯错时,你横加指责,甚至有时还连带无责任的下属。你的初衷可能是"杀鸡给猴看"。殊不知,下属的自尊心和上进心也被你一并摧毁了。

3. 不要妄下结论,你不是上帝

一个管理者,即使他再有能力,也会有思维上的盲区。如果下属提出不一样的意见时,切不可觉得他是在抗议或者不听从管理。不管下属意见的好与坏,都要积极聆听。好的意见,领导不仅要认真听取,还应给予一定的奖励,以提高大家的积极性。

4. 积极帮助下属解决工作难题

管理者手中所掌握的资源比下属要多得多,经验和历练也要比下属丰富。有些领导觉得这是自己高高在上的资本，不能随便与下属分享。于是任务布置下去后，只管下属要结果，对于下属在工作中遇到的苦难不问不提。没有达到他的预期就大发雷霆，认为这个人没能力。这样做只能把自己推向孤立的边缘。积极帮助下属解决工作难题，多与他们沟通，不仅能够对你的管理决策有帮助，还能凝聚下属的心。

古时，礼贤下士的皇帝都能创造出一番丰功伟业，暴虐横行的君主最后都没有什么好果子吃。作为一名管理者，放下架子本身就能给下属很大的心理认同感。只有下属认同你了，你的威信才能真正建立起来，下属也自然会对你知无不言、言无不尽。只有这样，他们才会真正把工作当成自己的事业去努力。

道德至上，要有责任感

工作中，我们总是看到这种现象：某一件事做完了，工作成绩出来了，就有很多人过来，不管参与的还是旁观的，都喜欢过来邀功请赏；有一个事故发生了，责任也清晰了，就是没有人敢出来承担责任，你推我卸，谁也不愿意跟这事扯上关系。

下属的眼睛是雪亮的，时间证明是公平的。表面上你推卸了责任，实际上，真相总会露出水面。事情是怎样，大家都清楚。如果一个领导老是推卸责任，试问，还有谁乐意为他效劳呢？

一个领导要在下属中树立自己的威信，并以德服人，就必须对自己的责任清之又清。只有领导有了责任感，才能给下属安全感。连责任都不肯担当的人，怎么会有德行可言，怎么能够引领下属，带领团队走向成功呢？

有一个公司老总总是觉得自己很成功，常常脑袋一热就想办新业务，大笔一挥就制定规章制度。在下属的问题上，他总是凭自己的判断，觉得是怎样就怎样。

有一次，业务员小张向他投诉说，另一个业务员小王恶意争抢他的客户，同一单生意故意报低价，让公司蒙受了损失。这位老总一听，非常生气：这种行为在公司里必须杜绝，否则就会把公司的气氛搞坏。于是他贴出通知，通报批评小王，并将所有提成给了小张。

小王听到这个消息非常气愤，便和领导解释，结果老总又给小王一顿训，小王提出了辞呈。事情过了一个月后，这位领导从其他业务员的聊天中得知：小王当时跟踪那个用户半年多了，价格型号都基本谈妥了。有一次小王外出拜访其他用户时，该用户打电话到公司落实细节问题，结果小张接了电话。过后，小张不仅未转告小王，而且还让用户直接找自己并许诺更多优惠，差点将生意搅黄。

老总听后非常诧异，怎么会这样？但是让人失望的是，这位老总并没有找自己的原因，而是直接将小张开除了事。

很多公司都有类似的情况，所以下属们总是说："小人当道。"究其原因，不是小人兴风作浪，而是"糊涂领导"任由其兴风作浪，终极责任在领导身上。在没有进行调查了解的情况下，领导简单地做出处罚决定。这不仅是对下属的不公平，也是对工作的不作为。试问，这样的领导怎么能受到下属的爱戴？

所以，不论是不是你的工作范畴，只要关系到公司的利益、下属的公平，你就要毫不犹豫地维护。只有下属感到你是一个可以信任的人时，他才会跟着你，才会为你努力工作。

一般而言，领导的职场道德主要有以下几个方面：

1. 对每个下属都要公平

公道就是公平，也就是领导对下属一视同仁，不能有亲疏，不能有厚薄。领导是否公道，对下属的积极性有着根本性的作用。要想做到公道、公平，就要以事实说话。这样就能让有能力的下属不失望，让努力工作的下属不倦怠。

2. 尊重每一个下属。要想以德服人，首先就要做到尊重

只有尊重下属，他们才会尊重你，凡事都是相互的。以德服人不是说说就行，是要具体体现在工作中，是要时时刻刻把下属当作你的工作伙伴，当成你最重要的战友。

3. 面对公司和下属的利益，不惜斤斤计较

斤斤计较的人不受人欢迎，但是为了他人利益而斤斤计较的人，就多少让人敬服了。一个领导对于下属的利益"斤斤计较"，说明他有一颗高尚的心，是一个对下属充满情谊的人。把"斤斤计较"当成自己的责任，你才能真正开始以德服人。

古人云："其身正，不令则从；其身不正，虽令不从。"从职场道德上来讲，作为一个管理者，首先要做的是以事实说话，

尊重下属，让他们在工作时有安全感。这种安全感就是：他们可以用能力说话，而不用考虑怎么讨好领导，不用考虑怎么防止别人的陷害，不用考虑跟着你会不会有前途等等。

平衡关系，把握好层级距离

作为一名成功的管理者，他非常善于把握与下属的距离。与下属保持适当的距离，可以使自己的领导职能充分发挥应有的作用。

作为管理者，要懂得本部门、本单位的发展单靠自己的力量是难以实现的，要靠你与下属之间的通力合作、紧密团结，才能顺利实现工作目标，完成工作任务。没有这种团结，整个部门、单位的工作效率就会大受影响。如果一个组织已经是一盘散沙、不成一体，那么很难想象，还能开展什么实际的工作。

汉高祖刘邦非常善于用人，巧于聚集人才、招贤纳士，与属下精诚团结。四年楚汉战争，君臣一心，共图大业，最终战败了项羽，建立了大汉王朝。这是与下属建立良好关系的一个范例。

水能载舟，亦能覆舟。商纣王昏庸无道，刑罚严厉，残暴成性，终日贪恋酒色，荒于政事，弄得满朝的忠义之臣个个寒心、人人胆惊。最后，商纣王落得众叛亲离、自焚鹿台的结局。这个故事虽然夹杂一些传说的虚构色彩，但却是取材于史实。从某种角度来看，它深刻地说明了如果不能处理好与下属的关系，就会招致意想不到的恶果的道理。

举以上两个例子，无非是想说明处理好与下属关系的重要性。如果你也是领导，是不是也应该有一种危机感呢？"吾日当三省吾身"，仔细反省一下自己的所作所为，想一想自己与下属的关系究竟如何，自己的位子坐得是否还稳当，这是很有必要的。

作为一名领导，要善于把握与下属的距离。与下属保持适当的距离，使自己的领导职能得以充分发挥，这一点是非常重要的。但是，如果想把所有的下属团结成一家人似的，这个想法在事实上也是不可能的。如果你现在正在做这方面的努力，劝你还是赶快放弃。退一步说，假如你的每一个下属都与你八拜结交，亲如同生兄弟，你想过没有，你既然是本部门、单位的领导，那么你与下属之间除去有亲兄弟般的关系以外，还有一层上下级的关系。当部门、单位的利益与你亲如兄弟的下属的利益发生冲突、矛盾时，你又该如何处理呢？

因此，与下属建立过于亲密的关系并不利于你的工作，反而会带来许多不易解决的难题。

在你作出某项决定，并且这项决定可能会损害某个下属的个人利益时，恰巧这个下属与你平常交情甚厚，不分彼此。他如果是一个通情达理的人，为了支持你的工作，会放弃自己暂时的利益而去执行你的决定，这自然是最好不过的。但是，如果他是一个不晓事理的人，就会立即找上门来，依靠他与你之间的关系，请求你收回决定。这无疑是给你出了一个大难题。

你如果要收回决定的话，必然会受到他人的非议，引起其他下属的不满，工作也无法开展。不收回，就会使你与这位下属的关系出现恶化，他也许会说你是一个太不讲情面的人，从而远离你。与下属关系密切往往会带来许多麻烦的事情，导致领导的工作难以顺利进行，影响领导形象。

但是，与下属的关系过于疏远，躲进了世外桃源，也不意味着就万事大吉，寻找到了最佳的方式了。与下属的距离太远，你往往难以获得来自下属的意见，听不到他们的呼声，许多信息你也接收不到。在你下达一项命令之后，由于刻意与下属保持距离，命令在被执行时，你往往难以给予有效的控制，可能导致过程失控。何况，不接近下属的领导往往给人以摆"官架子"的感觉。下属会认为你过于注重自己做领导的尊严，不愿意同他们交流、贴近，下属会开始鄙视你、厌恶你，工作中也会有所怠慢。你与下属之间便产生隔阂，不但不能征服人心，甚至还会离你越来越远。表面上你是一名有尊严的领导，实际上你已不能有效地发挥领导的作用。

因此，当你发现下属不自觉地与你疏远的时候，你必须立即采取适当的行动，把彼此的心理距离拉近一些。假如每个下属每次见到你的时候总是勉强打个招呼就匆匆而去，而且绝大多数下属都未曾踏进你的办公室一步。那么，你简直就像一只脱离群兽的狮子，或者更像一个摸大象的瞎子，靠自己一个人去努力，而这种努力又是非常盲目的。

久而久之，由于下属与你之间距离的拉大，你的决策常常失去下属应有的参谋，因而会失去客观性和准确性。这时，你也许会对自己的决策也开始怀疑，甚至犹豫不定，造成工作的推迟或反复。

距离过远不是一个好的方式，你可能会在这种疏远的关系中毫无察觉地丢掉你的领导职位。

保持距离是一门领导艺术，需要在实践中不断充实、不断积累。

要想坐稳自己的位子，还必须加强与下属的交流，与下属之间保持经常性地信息沟通，就能使彼此统一步调和意志，保证工作的顺利进行。

这种交流的方式通常是不拘一格的，要依情况而定，可以是实际工作中的交流，也可以是书面或口头的交流。这样，作为管理者，才能够及时、准确地接收和获取各种动态消息，并作出适当的、相应的决策。

管理者不能总是以领导命令的方式将几位下属叫到你的办公室来，以生硬的语气，让他们给你的领导工作提出意见，对部门发展提出看法。这往往会导致场面的紧张化，收不到预期的效果。制造一种宽松的气氛，鼓励大家积极发言，以目光、表情来传达你对大家的信任，相信大家会畅所欲言的。

作为管理者，要有团结能力

领导首先是一个团队的领导。团体与个体有内在联系，团体是若干个体的有机组合，团体的生存和发展离不开个体的生存和发展；个体是团体的组成要素，个体的积极性和创造性的发挥对团体效能发挥的好坏有极大影响。因此，加强对个体的领导是对团体领导的重要组成部分。但是，具体来说，对团体的领导艺术和对个体的领导艺术又有所区别。领导活动的重要一环是充分发挥团体的效能，以实现预定的团体目标。

为了认识如何发挥团体的效能，让我们先来看一下个人与团体的关系。人们在生活中总会和各种团体、组织和企业发生联系。对这些团体、组织和企业，可以按照它们和各人关系的密切程度分为"我群"和"他群"，从而产生我群感和他群感的概念。例如，人们在看体育比赛时，总是喜欢看有自己企业参加的比赛，并且会对本队的胜利和失败产生强烈地关注，这就是强烈的"我群感"在起作用，而对其他外企业之间的比赛则不感兴趣，这是"他群感"在起作用。

人们对某个团体产生"我群感"和"他群感"的主要原因有以下几点：

第一，如果某个团体和其成员之间实际上存在着密切关系，而且这种关系能正确地表现出来，则这个团体对他有吸引力，并使他感到某种程度的满足，于是他就会对这个团体产生"我群感"。

第二，这个团体与人们无密切关系。即当一个人不是这个团体的成员，并且和他没有密切联系时，这个人就不会对这个团体产生"我群感"。

第三，当某个团体与其成员之间不仅实际上存在着密切关系，并且这种关系也能正确地表现出来，还要看其成员是否实实在在地体会到。

因此，管理者的一个重要任务就是采取各种措施来增强下级对所属团体的"我群感"。一个团队成员对其所在团队的"我群感"

越强，那么他为这个团队认真工作的愿望就越强，个人利益和团队利益就越会得到更好地统一。作为管理者，如何才能增强其成员的"我群感"呢？可以从以下几个方面考虑：

1. 发挥主人翁地位和实际经济利益的吸引力

在企业里，工人是企业的主人，但这一点工人感觉并不明显，只有当他们认识到并在实际工作中真正体会到了这一点，这个团体才会对他们产生很大的吸引力。例如，当他们对企业的事情都有发言权、管理权和监督权，并且企业效益的好坏又直接影响他们的切身利益时，大家就会很自觉地对这个企业十分关心，这个企业也会对大家有巨大的吸引力。

2. 发挥团体目标的吸引力

任何一个团体在一定时期内都有其特定目标，如果这个目标是在大家的参与下讨论确认的，并且对实现这个目标的重要意义有较深刻的理解，那么，它就会对人们具有吸引力。对目标理解得越深刻，讨论越充分，它的吸引力就越大。这种目标是使人们形成各种热点的基础，它的吸引力越强，人们对实现他的愿望就越强，吸引人们为之努力的功效就越持久。

3. 发挥团体温暖的吸引力

每个人都生活在团体之中，个人和团体融为一体，个人为团体做贡献，团体为个人创造机会和温暖。团体对个人的吸引力由管理者充分发动群众共同来创造。因此，管理者必须做一系列的工作，才能提高大家为团体工作的积极性，发挥团体温暖的吸引力，管理者要以平等的态度待人，关心体贴群众的工作、学习和生活；成员之间要志同道合，互相帮助，互相促进。这样，人们生活在这个团体之中就会感到心情舒畅、温暖如家，团体的事情就会对他们有吸引力，就很容易成为他们关注的焦点和为之努力的对象。

4. 培养良好的团体心理和投入感

所谓团体心理，是指一个人认为他属于某个团体，这个团体能够支持他，使他不至于陷入孤立，并有利于他个人的发展。因此，团体心理是人的一种精神支持力量。培养良好的团体心理是从成员角度增强团队凝聚力的重要方面。

增强团体成员对团体事业的投入感是搞好团体工作的关键。所谓投入感，是指人们对所从事的工作或进行的某项活动的热爱和尽心尽力的程度。要增强团队成员对团体事业的投入感，具体做法可以是使他们看到事业的目标和成功的希望，培养其对这项事业长久的兴趣，增强团队的主动作用，使各成员之间互相鼓励、互相推动、共同提高。

第二章

微管理关键词之二——雅量

雅量是指一个人宽宏的气度,是人们所称赞的。作为管理者,更是要有容人的雅量,只有这样,才能得到下属的敬慕和友善。体贴下属、同事,关系宽松,气氛和谐,这不是很好的工作氛围吗?

搁置成见，雅量容人

不能容人，对犯过错误的人抱有成见就用不好人。由于管理者长久以来的成见，也就不可能给这样的下属委以重任，长久地弃而不用是常见的事，即便人家有才有能。退一万步说，就是管理者要用这人，也会老是给他挑毛病，当然，在这样的环境中，要想工作好也是极难的，而恰恰这时就是领导要下属干事的时刻。

不能容人也就难以留住人才。一般人工作追求的就是一个好的环境，如果领导不能容人之过，对人存在偏见，必然会造成上下级合作的不愉快。而且由于领导的原因，自己迟迟得不到任用，这样发展下去前途渺茫，下属就会顿起离开之念头。"此处不留爷，自有留爷处"，现实中人员跳槽已是极普遍的事。在国外，利伯容忍了欧文斯成为企业传诵的佳话。

爱德华·利伯是一家玻璃制造商，一次，厂里的工人在欧文斯等人的鼓动下发动了一次罢工。这次罢工使利伯损失惨重，被迫作出迁厂的决定。迁厂时利伯带走了大批工人，其中就包括欧文斯。利伯发现欧文斯是一个难得的人才，于是就抛弃前嫌，重用欧文斯，3个月后，他的改革建议也被采纳。1898年，利伯让他试验一种生产玻璃的机器,欧文斯经过努力于1903年获得成功，实现了自动生产。随后，利伯还大胆地拨出400万美元供欧文斯

20年的研究之用，在欧文斯的努力下，公司又改进了平板玻璃的制造方法。

利伯的成功在于能够不计前嫌，重用有才之人。面对利伯一步一步地重用，欧文斯为自己曾经对利伯的伤害感到内疚，为报知遇之恩，就更加努力地工作。

之所以有容乃大，是因为容人之过太难，在以后的接触中不抱偏见也更难。但领导若是过好了这一关，离成功就不远了。利伯因为容欧文斯之过而成功，可见能容人是多么重要。

和谐相处，你要知道的五个"必须"

管理者对某个下属有了"合不来"、"格格不入"的感觉时，对方一定对你也有类似的感觉，这是不容置疑的事实。就管理者的立场而言，一般说来，由于年龄都比下属大，应该主动与这种下属接近。这种努力，应该有意识地去做才对。

这方面的要领必须按照下列步骤进行：

1. 改变你的观念

世上绝不可能人人都与你"投缘"，你也必须与不投缘、合不来的人共事、打交道。

因此，对此类下属，你必须有下面的观念：

"好像与他合不来，但是，就为了这个缘故，我才有了与这种人打交道的修炼机会，从为人处世的经验来说，这不是极珍贵的机会吗?"

如此把观念做180°的扭转,你对这个下属就不再有任何"偏见",也等于冲破了你自己的"壳",向另一种可能性挑战,意义之大,非同寻常。

2. 剖析对方

通常,与我们合不来的人,他的短处映在我们眼中会显得特别醒目。这是人性的弱点,除非你有克制的能力,否则谁也免不了。

你对合不来的下属要养成"多看他的长处"的习惯,坦率地承认他的长处,致力于客观对待他的短处。

最重要的是从他身上找出与你共同的地方,如此一来,你对他就更有一份"亲切感",这对拉近双方的距离有极大的好处。

3. 积极地接近

以双方共通的部分为"接触点",拿它作为共同的话题,与他交谈。例如:

"听说,你很喜欢莫扎特的作品,真巧,我也是莫扎特迷呢。最近,市面上出现一套莫扎特作品集,你知道这个消息吗?……"

4. 活用他的长处

任何人若被置于可以发挥自己长处的状况下,都会情不自禁地奋发努力。

在"如鱼得水"的情况下,他的整个人都会变得开朗,能力会得以大展,人际关系也会变好。

另外，他对管理者有如此"识人之明"更会怀抱"感激之心"，因而会更加努力，并以工作成绩回报。对他个人也好，部门也好，这都是好现象。

5. 想通彼此的关系

人与人的交往可以深到肝胆相照，也可以浅到"只认识而不打招呼"，其间的状态真是不一而足。

与你合不来的下属，你能努力接近到什么程度，难免有个"最后的界限"。只要你确实尽了心力，纵然效果有限，也不必懊恼。

仔细分析，我们不难发现，领导能容人之过才能用好人、留住人，而下属由于领导不计前嫌，自然不会生活在被责备的压力之中。"君让我一尺，我让君一丈"，下属为回报领导，就会更加努力地工作。

懂得宽容，宰相肚里能撑船

古人云："宰相肚里能撑船"，是说要懂得宽容。职场上，管理者多半都是"宰相"，一人之下，"万人"之上。在现代的经济社会，当然不只是权力至上，还有很重要的一点，就是能力至上。如果没有能力，也就不可能当上领导了。

那么，既然是在"万人"之上，就要考虑一点了：即下属的能力和素质有高有低。只要想到这一点，你就会对他们的错误、对他们各方面做得不到位的地方予以宽容。

第二章 微管理关键词之二——雅量

当然，一味地宽容就变成了纵容，宰相肚里能撑船，但也要看是什么船。在宽容下属的错误时，要时刻谨记："给个机会，留个空间。"只有这原则之下的宽容才是一个管理者有效的宽容。没有宽容，培养不出人才，没有原则，自己遭殃。这里面有个度的问题。

一家公司新来了一个主管。听总公司的人说，此人能力非凡，专门被派来整顿业务。公司同事开始还人心惶惶，随着一天一天地过去，看着新主管似乎没有三把火要烧，整天躲在办公室里不出门，对同事也都客客气气的。那些原本混日子，甚至是利用职务谋取回扣的人更加猖狂了。

四个月过去了，就在大家都对新主管表示失望的时候，新主管下达了一个命令：不遵守公司规章、以权谋私的人一律开除，有能力的人马上提拔。下手之快，看人之准，与他前四个月的表现判若两人。

年终聚餐时，新主管致辞说："相信大家一定对我新到任期间的表现和后来的大刀阔斧而感到不解。现在听我说个故事，各位就明白了。我有位朋友，买了栋带着大院的房子。他一搬进去，就将那院子全面整顿，杂草树一律清除，改种自己新买的花卉。某日，原先的屋主到访，进门大吃一惊地问：'那最名贵的牡丹哪里去了？'我这位朋友才发现，他竟然把牡丹当草给铲了。后来他又买了一栋房子，虽然院子很是杂乱，他却是按兵不动。果然冬天以为是杂树的植物，春天里开了繁花；春天以为是野草的，夏天里成了锦簇；半年都没有动静的小树，秋天居然红了叶。直到暮秋，它才真正认清哪些是无用的植物。"说到这儿，主管举起杯来:"让我敬在座的每一位,因为如果这办公室是个花园,你们就是其间的珍木,珍木不可能一年到头开花结果,只有经过长期观察才认得出啊!"

宰相肚里能撑船,可也不是什么船都要撑,"缓冲"的哲学很简单,非黑即白的论调在现实生活中其实很少见。宽容时需要缓冲,给下属一个改过的机会,给自己一个管理的空间。

宽容不是毫无限度地忍让和迁就。一定让他知道,你只是在宽容他,而不是他本身做得对。只有这样,这宽容才能起到作用。一定让他知道:"你这样做是不对的,我希望你能改正。"这样不仅能够拉近你与下属之间的距离,还能够让他看到自己的不足,从而慢慢改进。

另外,作为管理者,"宽容"之后还需要你做另外一件事,就是告诉你的下属:"什么才是对的。"

希腊哲学家苏格拉底认为:人的行为之善恶,主要取决于他是否具备有关的知识。人只有知道什么是善、什么是恶,才能趋善避恶。把这种"善即知识"的理论运用在职场上很是贴切。就是说,如果一个下属犯错了,不是他想犯,而是他不知道正确的是什么。

基于这一点,如果下属犯错了,你简单地给予否定,直接的结果是他不能进步,工作也无法得到改善。苛刻的领导一味地告诉下属:"这个是错的",却不告诉他"什么才是对的"。

只有宽容下属的错误并告诉他怎么做才是对的,怎么做才能达到目的,这样使下属进步的同时,企业也才能不断地进步。

宰相肚里能撑船,领导心里能宽容。宽容下属的错误是一个善于管理的管理者应该做的。但是这里还有一个因素要考虑:"怎么宽容才是有效的?"不能只是说"我原谅你了"就行了。正像上文所说的,宽容的同时告诉他该怎么做。如果宽容是留住人才,那么"告诉他什么才是对的"就是在培养人才。这是一个优秀的管理者必须要做到的。另外,既然宽容了,就不要揪着下属的小辫不放,时刻盯着他,这会使他无法好好地工作。

大人不计小人过

看一个人是否大度,要看他在"敌人"面前的表现。一个可以原谅"敌人"、化干戈为玉帛的人最大度。因为他懂得,放下自己的愤怒,把敌对的关系变成互惠互利的朋友关系。

商场上没有永远的敌人,领导和下属之间就更不可能是死敌。一个下属有时因为个性或者经验的不足,可能会与领导发生冲突。有的领导把这视为一种挑衅而主动迎战,非要把对方置之死地而后快。其实根本没有必要,细想想,下属也会有情绪,只是他表达情绪的方法不当。这不是什么大事。大人不计小人过。只有抱着一颗宽容的心去包容下属,等平静下来后,他自然会有所反省,也会因为你的宽容而感谢你、尊敬你。

领导和下属的关系可以说是石头和鸡蛋的关系。一个鸡蛋打在石头上势必会碎,但是如果你在事前在石头上包上一层柔软的海绵,这样下属就不会受伤,你也会因为这种行为被信任和赞誉。这层柔软的海绵就是"包容"。

丽娜工作认真，就是有时候脾气不太好。遇到自己看不惯的事情，总要说道几句，总喜欢路见不平拔刀相助。一天，丽娜到办公室还未坐定，那边就有人催着要开早会。"丽娜，开早会了，把昨天的工作总结和今天的工作计划都打印出来。""整天做计划总结有什么用啊，时间都用来做表了，还怎么做业务啊！"业务主管丽娜心里反驳着。其实，这是业务员们的心声。对于业务员来说，跑业务多赚钱才是王道，可部门领导是干行政出身，对表格、工作总结、计划都催得很紧。

一天下午，领导又要开始检查总结。丽娜忍无可忍，把手中的笔记本摔到了桌子上。"我们业务部门怎么了？我们没业绩吗？没给公司赚钱吗？不懂业务就别瞎指挥，整天让我们业务部做表耽误正事。做表能做出业绩来吗？工作总结能总结出业绩来吗？老娘不伺候了，什么破管理！"

"砰！"丽娜摔上会议室的门，扬长而去。同事们惊呆了，不知道一向温婉的丽娜为何突然爆发。坐在会议室里的领导没有过于惊讶，他知道自己下属的这个脾气。于是慢条斯理地说："有什么意见，可以说嘛，小姑娘家家的，火气这么大，咱们继续开会，回头我找她算账。"

事后，当丽娜递出了辞呈，领导拿着辞呈说："辞职干嘛？"

丽娜很不屑地说："不辞职也会被你炒，我都那样了，你还会留我吗？"其实丽娜事后有些后悔了，想起领导对她还是不错的。

领导笑着说："我在你眼里就那点度量？拿回去，以后工作有什么事情，急事找我反映，不服咱们开辩论赛都行。你这样让我很没面子啊。你是人才,我可不能放你走。哈哈……"

看似势不两立的两个人,竟然都笑了。丽娜从此以后再也没有当众冒犯领导。就像领导说的,有什么意见,开诚布公地对他说。

如果你是领导,你的下属像丽娜那样冒犯了你,你会怎么做呢?有些领导很在意自己的"权威",一旦有人触及,就会让其死无葬身之地。其实,根本没有必要,试着做一个豁达的领导,别看着自己那点面子,领导是要面子,但是相比爱才之心来讲,损失点其实没什么的。

遇到有冒犯自己的下属,告诉自己"没什么大不了,损失点面子又不会死","你又不是皇帝,人家对你不必点头哈腰"。这样想的时候,你的情绪就会慢慢平静下来,冷静地分析,大度地放下。

一旦产生了矛盾,怎么办?

(1)分析矛盾是怎么产生的,这矛盾的根源究竟在哪里?是个人利益的冲突,还是因为误会。我们工作中大多数的矛盾有时无因而起,然后变成了"因矛盾而矛盾"的现象。总是有人说:"我俩之间有矛盾。"可是说得长了,往往都忘记了矛盾的原因,而只记得"矛盾"本身。这样的事情在工作中很常见。所以有了矛盾就把它一二三的原因都说出来,也许最后发现其实是没什么大不了的事情,只是一场误会而已。干嘛让小小的误会作祟,让它造成沟通困境呢?

(2)把自己的动机水平提高。一个人的动机水平会影响一个人的自制力。也就是说,这件事已经让你怒不可遏,而对他人来讲却只是"隔靴搔痒"。一个成就动机强烈、人生目标远大的人,会自觉抵制各种诱惑，摆脱消极情绪的影响。无论考虑任何问题，他都会做言语事业的打算和长远的目标，从而获得一种控制自己的动力。我们说，某个伟人豁达，因为他装得下天下，怎么会为一点小事而不快？有时把自己当成伟人来对待，不是自视清高，而是学着像他们一样去豁达地对待这个世界。多看看伟人的传记，多学学他们的为人处世。

（3）把下属当作孩子，有时非常有效。试着把与你产生矛盾的下属看成是孩子，这矛盾化解起来就容易得多。是的，我们都不会与一个孩子计较，所以何必与一个孩子针锋相对。"他这人就这么个这脾气，包涵下就过了"，"小孩子，不懂事，需要培养。"把下属看成孩子，容易让人在心里产生一种"拿他无可奈何"的情绪，一旦无可奈何，当然只能包容，所以才会积极地化解矛盾。

不成熟就会比较容易冲动，于是就会或多或少地冒犯到你。这时做领导的要表现得宽容，放下自己的面子，在宽容的同时，告诉他这种做法是错误的。如果他不听，就要在小事上慢慢地感化他，让他改变对你的看法。如果他还不悔改，直接弃用，毫不留情。时刻记住，领导的宽容是有底线的。

有话当面说，有事私下谈

现在的人越来越不喜欢听"实话"，仿佛实话是刺，刺破了他的虚荣心，刺破了他的成就感。越来越多的人喜欢戴着面具示人，越来越多的人喜欢通过过滤网说话，表达对一件事的观点，要把不利于自己的一面过滤掉，对人的态度也遮遮掩掩，生怕说实话会遭人反感甚至是记恨。而葛优在《非诚勿扰》里说："虚着点，和气。"

"虚着点"真的就和气吗？也许只是表面和气而已。一个人若不把真实的一面表现出来，怎么能够与人建立长久的关系？

一个领导，明明觉得下属的策划案有很大的缺陷，直接说会打击其积极性，于是表面上说不错，私底下却与别的下属提及此事。这不仅会使下属感觉领导"当面一套，背后一套"，还会导致下属之间的猜忌，甚至是恶性竞争。

由此可见，"当面假话、背后捅一刀"的做法要不得，作为领导，应该有话当面说，有事私下谈。

某公司因为业务上的关系需要做人事调动。主管找到年轻的下属王杰说："你把手头的工作交接一下，去市场部工作吧。市场部想提拔个经理，好好干，做出点成绩来，我不会亏待你。"

听到领导这么说，王杰很高兴，领导这是在给他机会啊。他说："谢谢领导给我机会，我会好好干的，不会辜负您。"王杰带着非常积极的态度去了市场部。开始几天，他非常用心地整理客户的资料，仔细核对并且积极向老下属学习。

可是当他听到同事跟他说的话，心彻底凉了。

同事跟他说："昨晚，几个跟领导比较好的同事请领导吃饭，领导说之所以把你调到业务部，是因为他觉得你不是什么大才，能力不足，到业务部跑吧。"听到这些，王杰非常不满，工作起来也没了积极性，觉得自己被抛弃了，被"阴"了。

愤愤不平的他直接找到主管说："你是领导，我是下属，但请你尊重我。如果觉得我不行，可以直接说，我走人。何必这么小人呢？"说着，他把辞呈丢到了主管的办公桌上，头也不回地走了。

说话是一门艺术。也许故事中的主管不想过于打击王杰，才把他调去业务部。可是私下议论下属的不是，就是背后一套了。这样做不仅是对下属的不尊重，同时也使其他下属感觉岌岌可危。他们会认为："也许你也是这样对我的吧。"如果这样，信任就无从谈起，管理也就无从谈起了。

作为一个领导，要做到真诚。因为只有真诚的人才能让别人信任。"一朝被蛇咬，十年怕井绳"。一旦有一次，哪怕小小的欺骗，信任就会灰飞烟灭。那么，怎么做到真诚呢？

1. 实话实说

要知道，实话实说是对下属最大的尊重。他做出了可喜的成绩，你要承认，这是对他的一种嘉奖。有些领导怕下属骄傲，总想要"压着点"。其实根本没有必要。自信是一个人最大的能量，尽量地让他感觉自信，下属才会有一种被需要的感觉，就会对工作和企业有归属感和忠诚度。相反，如果一个下属犯错了，或者工作不努力时，领导也应该实话实说，因为这样是对他的一个警醒。知道错了他才会改进，否则根本就没有进步可言。

2. 学会变通

直接揭穿对方的错误和缺点固然使人不快，但变通地实话实说,如语言暗示,却会化险为夷。有时变通地说出自己的不满也会令他人下次注意。这些都是实话实说的方式,"曲线救国"未尝没有一箭双雕的效果。但是请注意,不管怎么变通,有话当面说,不能让其他下属知道,也不能通过其他下属来转达。直接面对面,私下谈。

3. 三思而行

下属有很多,沟通的模式也有很多。如果下属的自尊心很强,你的语言就不能过于犀利;如果下属很顽皮,你就要直截了当,严厉为好。工作的事,可以直截了当地说,但是涉及评论人的人品或者大事上就要三思而后行。一叶障目,我们往往会因为误解而对一个人产生偏见。这类的事情就要先观察,看自己的判断是否正确。领导的立场很重要,客观公正是你必须追求的。

"有话当面说,有事私下谈",是一个领导对于下属的尊重。不论他是应该鼓励还是需要批评,当面一套背后一套的做法都要不得。让下属对自己产生信任感,首先你要做的就是不能心口不一。言行一致的领导会得到下属的爱戴。

给下属留面子,给下属留条路

一个人站在老总的办公桌前,耷拉着脑袋,非常沮丧的样子。而坐在对面的领导则一脸怒气地说:"你是怎么搞的,这笔业务非常重要,你给我做成这样?你是刚入行的新人吗?脑子里长草啦？"他几乎是用喊的语气说的，整个楼道都听见了。同事们窃窃私语："那谁又挨训了。"

上面的情形再普通不过了，很多下属都遭遇过这样的"待遇"。很多领导也经常这么做。做错了，批评他有错吗？有错！

人都是有自尊心的。在下属的心中，工作并不全是为了钱，工作有时候还代表着他的身份、地位以及个人成就。用恶劣的态度对下属，就是在践踏他的自尊心。人非圣贤，孰能无过？你的下属在工作中肯定会有犯错的时候，如果采取过激的、不适当的方法处理，下属在企业里面感受不到自己的价值，他会自卑，会怯懦，然后就会选择离开，倘使继续在企业工作，也是混混日子而已。

其实，恶意的批评并不能树立你的威信，反而会降低你的层次，让被批评者气不顺，心不服，严重时还会激化矛盾。可以想象，如果被批评的下属感到自己的尊严和人格遭受了侮辱，将难以再全心全意地为公司效力。所以，领导要学会自我控制，多给下属留面子，多给下属留条路。

李峰是广告公司里的中层领导，很受下属们的欢迎。究其原因，他很会说话。他不仅会夸人，更重要的是，还会得体地批评人。什么批评的话从他嘴里说出来，都不会让下属有压力。面对这样的一个领导，下属们有什么事情也都愿意自觉地去改正。因为不改正，他们会觉得太对不起领导了。

一次，有个姓张的设计师请假，理由是：外祖母过世，需参加葬礼。李峰对自己部门的人了如指掌，他清楚地知道每一个人的家庭情况。像这个小张，明明外祖母健康得很，当天中午还来公司找过他。

虽然受了欺骗,但是他还是把脾气压下来。等情绪稍微缓和后,他找来小张,打量了一下他,笑着说:"你觉得人可以死而复生吗?"

"不能。"小张疑惑地回答到。

这时,李峰意味深长地笑着说:"跟你不一样,我可相信人会死而复生。你外祖母昨天刚刚过世,这不,今天中午又来看望你了!"

小张低下头偷笑,不好意思地说了句:"对不起。"

不久又发生了一件事情。李峰让下属们把对业内知名广告人的理论进行评述。下属们的稿子收齐以后,李峰给其中一人写下了这么一段评语:"总分 100 分,给你 10 分。其中抄工 6 分,末尾的几句评论 4 分。其余 90 分都不属于你。"原来,这个下属的稿子中绝大部分都是引用现成的文章,少有自己原创的见解。

稿子被打回来后,那位下属看到这样幽默的评语,惭愧之余,更多了几分努力,还有对李峰这个领导的尊敬。他马上补了一篇完全原创的稿子交给李峰。

可见,换个方式说,比严苛的方式更容易让人接受。中国人对于面子是很看重的,在大庭广众之下,有一些领导对下属肆意地指手画脚、当众呵斥,把下属置于难堪的境地。他以为,这样做会让下属记住教训,但长此以往,也就"国将不国"了。因为伤害了下属的自尊,下属不会尽心工作,公司的发展也就无从谈起了。

批评是一门学问。当批评的方式不当时,会产生极其严重的后果。所以得饶人处且饶人,给下属留点面子,给他个改正的机会。

其实,恶意的批评无非是领导的情绪在作怪。在每次感觉到自己快要失控时,领导要学会先冷静5分钟,等到能够平静时再去面对。这时就会发现批评人的方式有很多种。例如,不妨试试把疾言厉色的批评或苦口婆心地劝诫换成幽默地一笑。

把下属当人看,很重要的一点就是要顾及他的自尊心。如果连下属的自尊都不在意的话,管理也就失去了作用。批评的目的是要他接受教训并从此能够改正。让其接受教训的途径有很多种,"拿着鞭子抽"的领导可以说没什么管理能力。因为他只会管教,而不是驾驭。批评是一种艺术,而且是更高的艺术,是领导们都要学会的艺术。

第三章

微管理关键词之三——协调

"世事洞明皆学问,人情练达即文章。"要想管理好下属,你就需要协调同上级的关系、协调同级关系和协调与下属的关系。任何一个组织或团体在长时间地对内对外关系中必然会产生误解和矛盾。作为一名现代管理者,能否充分学会运用协调与沟通的技巧,消除误解和矛盾,对外取得理解和支持,对内使本部门成为一个坚强团结的战斗整体,已成为衡量其领导成功与否的重要标准之一。

"软硬兼施"，对待下属应这样

协调同下属的关系是领导工作成败的关键。在实际领导活动中，应注意对下属的宽严得当。

孙子所称的将才必须是："仁、智、信、勇、严"。其中，仁即领导必须爱护他的下属，有一颗仁慈之心；严即领导必须把握纪律的尺度，对违反纪律的下属不偏袒。然而现实生活中，能把"严"与"仁"两者结合得非常漂亮的领导并不多，他们大多太"仁"，对部下一纵再纵，以至失去一定的原则，最终导致"天下大乱"，不欢而散。也有的太严，显得非常专制，导致下属对领导畏而不敬，或许在表面上对领导唯唯诺诺，而背地里咬牙切齿。

这两种领导都不能称为成功的领导，前者常被斥之为无能和没有魄力，而后者则被冠之为"暴君"。领导处理与下属关系时应提倡的一种方式是"恩威并施，宽严交融"，即不仅表现为对下属物质上的奖励和鼓励，而且还表现为对下属精神上、生活上的关心、爱护，以及正常的人际交流。领导也是人，下属也是人，重要的是要让下属感到其工作在一个温暖的、充满爱意的环境中，自己的人格得到了很好地维护，自己得到了应有的尊重，有这样感觉的下属才会以其工作岗位为"家"，敢说实话，领导也可以顺利地改进工作。领导以"商量"的语气与下属讨论问题，使下属存一种自信心，参与讨论的热情也高，点子也多。领导还应在生活上关怀下属，下属告病，领导应尽量让他安心养病，而不是催问其几日之后得以复班。所有的这些都可以称之为"恩"，严是针对那些目无纪律的下属来说的。

林子大了，什么鸟都有，确实有一些下属的觉悟不高，浑浑噩噩，不但无功，反而惹下一大堆麻烦事。对这些下属，作为一名明智的领导，决不能姑息迁就，而应严肃处理，直至炒其"鱿鱼"。所谓害群之马就是这种人，如果领导对其姑息迁就，那么到最后吃亏的是大家，而如果对这些人进行及时地纠正，促其迷途知返，那也真是善莫大焉。据说，一次，松下幸之助的一下属犯了错误，松下先生决定发谴责状来警告他，事先他将那个人请过来，对他说："我对你犯的错误，想发谴责状，如果你不满，我就没有必要这么干，我们也没什么好说的。如果你觉得我应该这样做，那你就不断反省，今天的斥责也就有了代价"。那位下属连忙说："谢谢先生的苦心"，松下先生则接着说："你既然已经理解我的意思，那么我也很乐意将谴责状给你。"这件事反映了松下先生在处理下属违规事件中的宽严交融的原则，让下属对领导既尊重又感激，同时还不敢违令擅行。

学会忍耐和斗争的艺术

古希腊唯物主义哲学家德谟克里特曾经说过："无节制的欲望是一个儿童的事情，而不是一个成人的事"。在西方国家，人们往往将节制和忍耐视为道德上成熟的标志。我国古代思想家孔子就曾大力提倡"克己"；我们今天也有所谓"百忍成金"之说，上级与下级所站的角度不一样，考虑问题的高度不一样，难免会形成"对撞"，这时作为下级就应该适当地加以忍耐，这并不是说比别人低一级就该忍着，而是说上级在处理一些全局性的问题时，眼光要看得比下级更广一些，所谓的本位主义说的就是那些对全局把握不清的管理者。

俗话说：树倒猢狲散，全局垮了，单个部门再好也没用。全局工作没做好，那么对自己认为不太合理的指令也就不会勃然大怒了。理智的管理者则能坚持做到宽宏、忍耐，还有一种并不是命令与执行方面的矛盾，而是理解与误解之间的矛盾，有时自己确实做了大量的工作，非但没有得到上级的肯定与承认，反而被误解、冤枉。

这时，不管是谁，心里都不好受，但不同的人在难过之后的做法不同，粗俗的人常常是暴跳如雷，谩骂与武力并用，不但没有得到良好的效果，反而使上下级关系恶化，一发而不可收拾。

理智的人一定知道这时"忍"的重要性。他相信总有一天，真相大白，消除误会，赢得信任。

在处理上级关系中，坚持做到宽宏、忍耐，具有极其重要的意义。它可以使自己和上级在心理上有一个缓冲的坡度，在自我认识和相互认识的程度上深化一步。作为下级可以借此机会反省一下：自己有没有过失，过失有多大。同时还要吸取教训，千万不要在与自己下级的问题上也出现这样的情况。

但是，总是忍耐也不是什么好事，人的忍耐总是有限的，不要太委屈自己，太迁就上级，这样自己难受，而且容易使上级犯错。而万事都忍耐无限的人，碰到好的上级问题不大，而遇上有问题的上级，则会跟着犯错误。所以说除了"忍"之外还要进行适度地"对抗"。所谓对抗，就是下级从维护正常的上下级关系或个人的合法权益出发，对上级的错误行为的抵制。忍耐不是万能的，人非圣贤，孰能无过，上级也是人，也有判断失误的时候，在他没有醒悟的时候，提提醒，说不定就能避免灾难性的后果，不但不会遭来上级的责怪，还会赢得上级的赏识。上级在决策问题时，尽管照顾了大局，但对下面各部门的一些具体问题不甚了解。举个很简单的例子，上级领导不顾下面条件的限制，要求每人都精通计算机，每个人都要熟练地打字等等，这样的要求本来是为整个全局着眼，提高每个人的能力素质，但是，如果操之过急，很容易打消下属的积极性，认为"这下完了，这份工作丢了"，这反而影响工作效率的提高。

这是个最简单的例子。一个优秀的管理者不仅要使自己在接受命令时上级看着舒服，还要使自己在实施这条命令时下级觉得愉快。在某种程度上，这就要求有"斗争"，当然"斗争"也不是没有限度，不能上级来一次指令就斗一次，稍微有点分歧是应该顾全大局的，只有遇到明显不正确或出现重大分歧时，才有理有据地进行"对抗"，这样既有风度，又不失原则，与上级的关系也就会自然而然地好起来。

对于冲突和矛盾，不要逃避，要面对

从传统意义上讲，冲突是造成和导致不安、紧张、不和、动荡、混乱乃至分裂瓦解的重要原因之一。冲突破坏组织的和谐与稳定，造成矛盾和误解,基于这种认识,各层次的管理者都将防止冲突作为自己的重要任务之一,并将化解冲突作为寻求和维系现有组织的稳定和保证组织的连续性、有效性的主要方法之一。毋庸置疑,传统的观点有其合理性的一面,但将冲突完全化解显然是不现实的,也是一种不够全面的理解。

美国西点军校编的《军事领导艺术》一书对冲突的积极作用进行了深入探讨,并指出,群体间的冲突可以为变革提供激励因素。当工作进行得很顺利,群体间没有冲突时,群体可能不会进行提高素质的自我分析与评价,由此,群体可能变成死水一潭,无法发掘其潜力,通过变革促进成长与发展,群体间存在冲突反倒会刺激组织在工作中的兴趣与好奇心,这样反而增加了观点的多样化,以便相互弥补,同时也增强了紧迫感。

通用汽车公司的发展史上有两位重要人物,由于他们对冲突和矛盾所持的不同看法和做法,给通用公司的发展带来了不同的重大影响,第一位是威廉·杜兰特,其在作出重大决策时大致上用的是"一人决定"的方式,他喜欢那些同意他观点的人,而且可能永远不会宽恕当众顶撞他的人。结果,由他领导的由一些工厂经理组成的经营委员会在讨论任何一项决策时都没有遇到一个反对者,但这种"一致"的局面仅仅维持了四年。四年之后,通用汽车公司就出现了危机,杜兰特也极不情愿地离开了公司。对今天的管理者来说,从这件事中引以为戒的是如何看待组织内的冲突和矛盾。既然冲突和矛盾是必然的和普遍存在的,就不应回避、抹杀或熟视无睹,更不要被暂时的"一致"所蒙蔽,甚至人为地营造"一致"的现象。总之,任何一个人的认识能力都是有

第三章 微管理关键词之三——协调

限的，一个人的意见不可能永远正确。而有冲突和矛盾也许正是弥补这一不足的最佳方案，只要协调合理，沟通及时，冲突会为你的成功铺垫基础。

另一位对通用公司有重大影响的人是艾尔弗雷德·斯隆，是迄今为止通用汽车公司享有最崇高声望的领异者，被誉为"组织天才"。他曾经是杜兰特的助手，并在后来成为杜兰特的继任者。他目睹过杜兰特所犯的错误，同时他也几乎修正了这些错误。他认为没有一贯正确的人。在作出决策之前，必须向别人征求意见，他会在各种具体问题产生时阐明自己的观点，但他也鼓励争论和发表不同的观点。这使他取得极大的成功。

被誉为"日本爱迪生"的盛田昭夫则从自己的亲身经历中进一步说明了管理者应如何正视这种冲突。他认为：大多数公司一谈到"合作"或是"共识"时，通常意味着埋没了个人的意见。在索尼公司，我们鼓励大家公开提出意见。不同的意见越多越好。因为最后的结论必然高明。在盛田昭夫担任副总裁时，曾与当时的董事长田岛道有过一次冲突。由于盛田坚持自己的意见不让步，使田岛很愤怒，最后他气愤难耐地说："盛田，你我意见相反，我不愿意呆在一切照你意见行事的公司里，害得我们有时候还要为这些事而吵架。"盛田的回答非常直率，"先生，如果你我的意见是完全一样的，我们俩就不要呆在同一公司领两份薪水了，你我之一应辞职。就因为你我的看法不一样，公司犯错的风险才会减少。"

通过以上事例分析，我们至少可以得出这样一个结论：没有冲突的组织是一个没有活力的组织，作为管理者，要敢于直面冲突和矛盾，闻争则喜应成为管理者的一种时尚。

"迂回前进"的协调方式

在特定的条件下，对一些无原则的纠纷应采取含糊的处理方法，或者为了解决某些冲突，可作出一些必要的合作、折中或退让、妥协。

比如，鼓励冲突的双方把他们的利害关系结合起来，使双方的要求都得到充分地满足；或者在冲突双方的要求之间寻求一个折中的解决办法，让双方都得到部分满足；或者驱使一方放弃自己的观点、利益去满足另一方的要求；或者用暗示或不管的方式鼓励冲突双方自己去解决分歧，等等。假若双方都是搞派别斗争，为他们各自的小集团的私利而闹纠纷，完全违背整体利益，那么在解决这样的纠纷时，就不必去分清谁是谁非，事实上也无法分清谁是谁非，可采取各打五十大板的办法来处置。

又如，对某些闹事问题的处理，从闹事本身看并不正确，但为了有利于大局的安定，在说清事理之后，可对他们的要求作出一些不损害大原则的妥协，以缓和矛盾。虽然这样处理纠纷的方式看起来显得简单和有点不分是非，但仍不失为一种解决冲突的方法。

"泄愤释怒"的协调方式

当双方发生冲突时，应该让每个人都有机会泄愤释怒，不要让心头的愤怒郁积起来，这就可以缓和冲突的紧张程度，打开解决冲突的大门。日本有的组织和企业搞的"健康管理室"，就是采用这种方式。

比如说，两个人吵架了，产生了很多大的纠纷，就可以领到"健康管理室"来组织双方接受健康管理教育。第一个房间，一进去，对面有个落地大镜子，两个人站着照镜子。双方在吵架时，感觉不出自己的面貌变化，脸红脖子粗，非常激动，一照镜子，威风马上就刹下去了，自己就提醒自己，感到自己今天有些失控。然后到第二个房间，是一排哈哈镜，双方依次照镜子，通过这些镜子启发双方要正确对待自己，正确对待别人，不能像哈哈镜那样把自己看得很高大，把别人看得很矮小。然后再向前走，进入弹力球室。在地板上和房顶上各有一个钩子，中间用橡皮条紧紧拉着一个球，挂得一人多高。

让每人用力打三下，由于弹力的作用，球弹回来正好打在自己的额头上，以此来启发双方认识人与人的关系就同作用力与反作用力的道理一样，你伤害别人，别人就会伤害你。再往下走，是傲慢像室。这是用稻草做的非常傲慢的草人，每人用棒打三下，让双方发泄一通，并启发他们否定这种傲慢态度。再往下走，走廊两边挂着许多照片，一边是青年人应该怎样生活、学习，如何正确对待别人、尊重师傅和长辈；另一边是青年人在酒吧间里鬼混、打架斗殴等日本社会的黑暗面。两边对照，启发青年要正确对待生活。最后双方交换意见，互相表态，问题得到解决。

这种方式在我国的一些企业中也有应用。据报载，某厂设了个"出气室"，"出气室"门前写着这样的话："主人同志，欢迎你。你有什么心事吗？请你讲出来；你有什么好的建议，请不要保留。"厂里的主要领导轮流挂牌值班接待。说来也灵，憋着一肚子火气进去的职工，出来竟然一身轻。两年来，职工来访上千次，件件有登记，桩桩有着落。人们认为，这个厂的经济效益越来越好，"出气室"也有一份功劳。

经得住别人发泄愤怒是很不容易的，尤其是这种愤怒冲着自己来的时候更是滋味难受。现实中就有这样的管理者，以官压人，以权欺人。你有气吗？对不起，他不但不给你出气，反而开口就训，火上烧油，结果激化了矛盾，甚至诱发出恶性事故，闹出大乱子。所以，管理者在这一点上要宽宏大量，要能忍"难忍"之事。如果管理者本人也是冲突的一方时，就必须严格约束自己，要"高姿态"，不要只为自己表白辩护。

引起冲突的五种原因

我们已经知道组织是由若干个部门或团体组成的。组织中部门与部门、团体与团体之间，部门、团体与组织之间，由于各种原因，也常常发生冲突。组织理论认为，组织中团体之间的冲突一般有如下几种原因：

1. 各团体之间目标上的差异

组织由于分工划分成不同功能的部门、企业，每个部门、企业在组织设计时就已确定目标，各个目标的组合就构成组织大目标。但在执行过程中，各部门和企业的工作行为常以本企业利益为中心，可能会忽视组织大目标与其他部门和企业的协调，使各部门和企业相互隔绝，致使冲突产生。

2. 各团体之间认识上的差异

例如，甲企业的领导认为实施 A 方案最好，乙企业的领导则认为实施 B 方案最好，由于彼此认识上的差异，致使两企业的意见一时难以协调，有可能引起部门间的冲突。

3. 各团体之间的职责权限划分不清

如权力交叉或职责缺漏等。

4. 各团体的利益、需要没有获得满足

组织中的部门或企业为了完成各自的任务，总需要一定的资金、原料或人力。而组织管理者一般要从大局考虑，根据该部门或企业对整个组织的贡献大小来分配资源，这就难免造成某些部门没能获得利益满足，可能导致部门或企业之间的指责、争吵甚至攻击。

5. 不健康的思想意识或不良的团体作风

由上述原因而酿成的冲突不仅会造成各部门之间关系的不协调，而且也会给整个组织系统工作带来不良影响。因此，处理好组织内部各部门之间的关系，对于形成组织系统的合力，发挥组织系统的整体效应，具有重要意义。

组织系统部门之间的关系在很大程度上是部门管理者之间的关系问题。管理者能否顾全大局，他们之间的人际关系是否融洽，对部门关系影响很大，因此，作为管理者来说，要处理好部门之间的关系，就要加强配合与协调。

部门之间要经常沟通，才能避免矛盾

这既是做好部门工作的需要，也是处理好部门关系的需要。沟通是双向的，也是多方面的，主要应当从目标上、思想上、感情上和信息上加强沟通，进而取得共识，这是协调各部门领导关系的重要基础。

1. 在目标上沟通

强调整体目标，使他们认识到各部门、各个人对整体目标做贡献的重要性，以及相互配合、协调的必要性，力争把部门利益与共同的目标联系起来，进而增强各自对组织目标的关切感，减少部门之间不必要的冲突。

要在具体目标上取得沟通和共识。各部门领导，在目标的确立上，要相互理解和关注；在目标的实施上，要相互支持和推进；在目标的冲突上，要相互调整和适应；在目标的成功上，要相互鼓励和总结。

2. 在思想上沟通

各部门领导应避免单纯以本部门的利益得失考虑问题，而应当从各部门利益的互相联系上也就是全局上考虑问题，包括设身处地地替其他部门着想，达成彼此可以共同接受的意见，以防止思想认识上的片面性。各部门领导在思想观念、思想方法、思维方式上也是互有差异的，由此而形成的观点上的争鸣和分歧，可以通过平等的交流、启发，缩小认识上的差距，以达到统一。对于因工作关系所引起的误会、隔阂，各部门领导之间应严于律己，宽以待人，必要时多作自我批评，求得谅解。

3. 在感情上沟通

感情上的联络和加深对部门领导来说是很重要的。因为很难设想没有任何感情交流的部门领导之间工作上可以融洽。要增加感情上的沟通，除了目标思想上的认同外，还可通过工作交流、参观访问、文体活动、公共关系活动等不断加深，从而创造一种和谐共事的情感环境。

另外，在信息上沟通。沟通也是传达和交流情报信息的过程。部门之间的矛盾与隔阂，都可以从信息沟通上找到原因。一般而言，凡缺乏沟通的部门，信息传递必然不畅，极易造成部门之间的不了解、不理解和不协调，甚至造成某些冲突，既影响工作，又影响团结；凡主动沟通的部门，必然信息流畅，往往容易赢得对方好感，取得信任，形成部门之间的良好关系。

正确对待"难缠的下属"

第一种为自私自利型。这种类型的下属总是以自我为中心，不顾及别人。一事当前，先替自己打算，往往因自私自利而损害别人，制造是非，稍有不如意，则怀恨在心，视他人为对头。

第二种为争胜逞强型。这种类型的下属狂傲自负，自我表现的欲望很强，喜欢证明自己比领导有才能，经常会轻视领导，讥讽领导，设置让领导下不了台的场面。其目的是想炫耀自己高人一等，满足自己的虚荣心。

第三种为性情暴躁型。这种类型的下属性情偏执，干事常出差错，对别人的合理建议总认为是批评，不虚心接受善意的规劝和指点，好冲动，稍有不如意就会发火。一般修养较差，蛮横无理。办事大多没有章法，喜欢胡乱应付了事。虽然虚荣心强，但讲信用。

第四种为自我防卫型。这种类型的下属精神脆弱、敏感、疑心重，最怕领导对他有不好的看法。常常看领导的眼色行事，自主意识不强；处理事务时，谨小慎微，越怕出错越出错。

领导遇上这四种类型的难缠下属就要视不同类型采取相应的对策。

1. 对待自私自利型下属

满足其合理要求，让他认识到领导决没有为难他，该办的事都竭力办了。这需要领导循循善诱，不断开导，讲清道理，让他在思想上有一个正确的认识。

拒绝其不合理要求。管理者可借题发挥，委婉摆出各种困难来拒绝，或者拿出"原则"这张王牌给以拒绝，让他不存非分之想，切忌拖延轻诺。

办事公开。把工作计划、措施、分配方案等公之于众，让下属监督，充分利用制度管人，让制度去约束这种人。这样可避免他没完没了的纠缠。

对这种下属，作为领导应尽量在各方面做到仁至义尽，还可以带动他关心别人，从自私自利的狭小天地中走出来，不断陶冶情操。

2. 对待逞强好胜型下属

领导遇上这种下属不必动怒，应把度量放大些，表现出宽广的胸怀，静静地倾听他们的心声，不能采用压制的方法对待。这种下属是越压越不服，反而会加深矛盾。

面对这种下属，领导不要因他的狂傲自负而显出自卑，应该泰然处之，做一个心里有数的领导。但确属领导的不是，领导应坦然承认，予以纠正、弥补，让领导的谦虚感动下属，让下属受到启迪。

领导应认真分析、研究这种下属的真正用意。如果下属是怀才不遇，那么作为领导，就应为之创造条件，让他的才能有施展的地方。可多安排些强度高、超负荷的工作给他去做，他的傲慢就会在工作中淡化。如果是那种爱吹毛求疵又无能的下属，就严肃地点破他，甚至可进行必要的批评，让他改变作风，尽心尽力地工作，心态平和地待人处世。

3. 对待性情暴躁型下属

不要忘记随时赞扬，哪怕是微不足道的小事。通过赞扬会使这种下属的虚荣心得到满足，自大、过激的成分会慢慢地减少，便于开展工作，促进交往。

领导不要讥讽、挖苦这类下属，否则会引起"战火"。对其不良行为和缺点不宜直接否定，可委婉、幽默地谈出来，这样下属易接受，又会慢慢地吸取教训。

对这种下属，领导应多关心他、帮助他，既讲原则，又注重感情，让他从心底里敬佩领导，视领导为知己，忠于职守。

4. 对待自我防卫型下属

领导要尊重他的自尊心。在谈话时要慎重，谈话中不要随便夹杂有轻视他的才干之词，对他的努力和成绩要多肯定，少否定；否则，就会伤害他的自尊心，从而产生灰心失意的情绪。领导与这种下属相处，更要显得和蔼可亲，保持平静的气氛。

与这种下属在一起，领导不要轻易议论别人，指责别人。如果这样，他会认为领导也会在背后当着别人的面指责他，此心理一增强，会在与领导的交往上设下"安全带"。这样对开展工作和人际关系的发展都不利。

当这种下属有困难时，领导应多帮助，少提建议。如果领导老是提建议，下属就会产生一种压迫感，会觉得自己什么都不行。

安抚年长下属的三个要点

安抚比自己年长的下属时，应该注意下列三个要点：

1. 最重要的是领导（管理人员）本身的观念

管理者绝不能有如下的观念：

"我真不愿意跟他一起工作。"

"最好设法把他调到其他部门。"

2. 坦诚相对

直截了当地向年长下属表示：

"在工作上我们不能夹杂任何私情。我以管理者的立场贯彻我的原则，请你也以下属的立场跟我好好配合。"

管理者这种毅然决然的态度极为重要。

不妨为这件事与下属坦率交谈。就下属而言，他当然也知道在工作上不能夹杂任何私情，但是心中却对这个年纪比自己小的经理有一种"沟"。

因此，把双方的关系说开，有助于化解这种"生涩的关系"。

管理者可以诚意十足地告诉他：

"上班时间，我们不要顾虑年龄的问题，在各自岗位上全力工作，但是，下了班我们就以对等的同志来往。"

3. 管理者要有真正的实力

管理者如果在新进职员之中发现特殊的人才（例如，拥有发明专利者、精通数国语言者），必定对他刮目相看。

同理，作为管理者本身如果拥有某种特殊技能，年长的下属就不得不承认：

"在那方面，我实在是望尘莫及。"

管理者拥有这种实力，下属就容易信服，管理上就不至于出现什么麻烦。

从上面的分析，你应该知道自己该如何处理你面临的问题了。

你对自己在组织中的地位是不是有明确的意识？经理就是经理，下属就是下属，职责各异，各忠职守，绝不能因下属比你年长，就对他有所顾忌。

"我知道这个道理，可是，每次看到他，我就不得不让他三分……"

你是不是如此"胆怯"？不敢站在经理的立场，把年长的下属视如一般的下属？

对上述有所反省之后，你要胸有成竹地对他说：

"我站在管理者的立场，认为应该以坚决的态度待你，这个态度就是：虽然你比我年长，我还是把你看成与其他下属一般无二……"

将适当的工作分配给年长的下属，要注意到分配给他的工作必须是既满足他的自尊心，又活用了其能力的工作。

一旦离开了工作，对年长的人要敬重如宾。

"说服"是化解冲突的良好途径

在生活与工作中，人们不可能具有同样的想法。在推广新战略，引入新方法、新技术的领导的工作空间中，种种不一致演变为激烈的辩论或冲突是在所难免的，领导不可能"天天碰到笑脸"，故而也不可能"天天都有好心情"。

在领导的日常工作中，经常面对意见分歧，经常遇到与自己想法不同的人。怀有分歧、心存反对的人无非就是在方向选择和对利益的认识上有所不同。尽管分歧乃至对立会使人们的关系变得紧张，但黄金准则在这时能帮上忙。即你希望别人如何对待一个持不同意见的你，你就应该如何去对待那些持不同意见的人。

就此而言，当你不同意他人的观点和看法时，或面对那些与你存在分歧甚至对立的人时，站起来与他针锋相对地争论一番并非上策。在日常生活中，我们经常看到，即使是那些无关痛痒的事，如果较起真儿来，都会导致针锋相对的激烈场面。在争论中一方都试图压倒对方，但这并不能解决任何问题，相反却会伤了彼此的和气，严重的还会破坏彼此的关系。

当我们面对与自己意见相左的人时，一种自然的心理反应就是，试图通过争论赢得对方。之所以会有这种反应，是因为面对这种不同意见，自己感受到了一种威胁与伤害，自尊乃至尊严也被冒犯。我们会变得激动、声高、言辞偏激、好斗、尖刻。如果将这种情绪化的反应扔给对方且对方一报还一报，一场恶战势不可免。如果你不愿看到这种火药味十足的激烈场面，那么还是不要挑起异常争论为好。

在试图说服那些与自己意见不一致的人时，我们不是把他们当作对手或敌人，而是当作平等的伙伴；不是为了让他们言听计从，而是为了让他们接受那些对他们有益却因为种种原因还没能理解的东西。

不考虑对方利益且又盲目地投入争论的人，会被一种焦躁心理所控制，大有一种过了今天不管明天的偏激心态，但明天总会到来，但那时又该如何呢？

说服，或真正的说服力就是形成被说服者的内在服从效应。它与借助权力的威胁的不同之处在于，说服者认为他与被说服者是平等的，被说服者有具有某种观点、看法、态度及采取某种行为方式的自由。与交换、魅力所形成的确认式服从不同，在形成内在式服从的过程中，说服者也许根本就没有什么魅力或利益上的吸引力，被说服者之所以服从，并不是因为说服者的缘故，说服者提供的信息才真正具有价值，起到修正或者改变被说服者的感知方式、理解及解释方式的作用，从而使内在化服从者最终对身边的事物采取了一种新的反应及行为方式。

设计说服工作的三条原则

做领导就是要设定方向、团结下属、密切合作、鼓舞士气。这意味着最终在下属的内心建立起对于组织的理想、愿景及由此而来的目标、计划、规章、制度的内在化服从。领导方式也就将由注重权力干预转向注重开放沟通。说服人们建立起奉献的工作态度，对于下属与下属之间的冲突进行仲裁调解，以及培养人们对其他人的一种平等的合作伙伴的态度，纠正他们在人际交往上的行为技巧，这都意味着一个持续不断的内化于领导过程中的说服过程。

因此，说服就是管理者的一项工作任务，这种任务的提出及设计应注意：

1. 针对性

应针对不同的人来明确任务，确定他们在近期内应实现何种转变，说服他们到底应该做什么及怎么做。如果企业家不为他们树立一个他们认为可以实现的目标，对方就会谈不拢，充其量也只能使他们消极服从。同时还应认识到，任何具有持久效果的转变都是渐进的，想使你的说服工作一蹴而就只会降低你的说服力，而"别人能，为什么你不能"的态度则会使说服者仅有的一点说服力荡然无存。因为一个只会苛求于人而不理解人的人，人们不会认为他是一个好领导。

2. 系统性

说服人们最终具有奉献精神是一项系统工程，这只有基于企业家本人已被说服，认为人之产生奉献精神必须有一定的环境条件。向别人索要一种奉献精神对企业家没有任何帮助。

3. 关联性

无论你承认不承认，除了领导能影响下属外，下属们彼此也在相互影响。每一个人内在而隐秘的服从模式是复杂的，应认识到每一个人的背后都有更多的人，每一个人的头脑都与他接触到的不同的人享有某些共同观念，这种领导可能根本无从知晓的交互影响局面，既可能强化领导的说服力，也可能钝化、弱化领导的说服力。要对有待说服的对象有更多的了解，要创造服从效应，必须要善于利用这种关联效应。

在如上原则的基础上，形成合理的说服计划就有可能一步一步地实现说服的目的。循序渐进的说服工作意味着使说服贯穿于领导及交往过程之中，把握一切时机，去影响接受者的态度。

尊重对方可以化解其心理障碍

"我要跳楼了、我要跳楼了！你们不要过来，你们统统躲开！我要往下跳了！"要自杀的中年男子，站在十六层楼的阳台边缘，把半个身体伸出去,对着下面围观的人喊,又回头对追上楼顶的警察吼:"你滚!你滚!你拦不住我的,我今天非死不可!"

"我不是要拦你,是来问你为什么要跳楼。"警察说,"你总不能死得不明不白吧。总得让我们知道为什么啊!"

"我没明天了!我活不下去了,他们不要我活啊!"男人哭喊着,再转身对着楼下叫,"我要跳了!"

"等等!"警察喊,"你要跳楼,不能把下面的人压死,你总得等我把群众赶开吧。不过我先问你,是谁不要你活?我是警察,如果有坏人逼你,我当然要保护你。"

"不怪他们,不怪他们。"男人挥着双手,"是我欠钱。"

"你欠钱?我也欠钱啊!欠钱就一定得死吗?"警察说,"我相信我欠的绝不比你少。你知道我现在还欠400多万吗?"

"我欠得比你多,我欠了800多万啊!"男人坐在阳台边上哭了起来,"800多万哪!""800多万,也不算多啊!我以前也是欠800多万,一点一点还,十几年下来,也还了400万。你的那些债主会希望看到你跳楼,从此一文钱也要不回来,还是会给你时间,让你慢慢还?这是民主社会,谁能逼死你?难道你要逼死你自己?你的命只值800多万吗?"

"可是你给我一辈子,我也还不清啊!"

"不、不、不,你一定没算过,要不要听我说怎么还我的债?"

"你说!"

于是警察一五一十地把怎么贷款、怎么标会、怎么兼差,又怎么跟债主们沟通,都讲了出来。

"你是说真的?"男人回头看着警察,"看不出,你们警察

-71-

也这么可怜。"

"你以为这世界上只有你是可怜的吗?每个人都有可怜的时候……"

没多久,原来要自杀的男子想开了,他走回阳台,跟着警察下楼了。

看了前面这个故事,你有什么感触?

你会发现沟通并不难。在这个故事中,警察达到了救人的目的,要跳楼的人重新面对了人生,是双赢的沟通。

它成功在哪里?

成功在警察知道怎么拖延,然后找出问题,为对方分析、解决,化解了危机。

可见,有些沟通要做的只是静静地聆听,让对方把情绪发泄出来。

人们沟通失败常因为不了解,对方之所以找麻烦,是对方自己有情绪上的问题。遇到这种状况,你不能跟他讲理,倒不如好好听他说,让他把情绪宣泄出来,尽情地表达他的不满。

然后,问题很可能自己解决了。原来骂你的人很可能才骂完就向你道歉,说都怪他自己太激动。

相反地,如果你非但不体谅他,不帮他解决情绪上的不平,还跟他对骂,事情只会越弄越糟。

古人有所谓"市怒室色",意思是在外面受了气,回到屋子里给家人脸色。

许多夫妻,在外面上班,憋了一肚子气,回家后,丈夫莫名其妙地冒火,太太也不示弱,结果没事变得有事,造成家里不痛快。

第二天又把家里的气带到办公室，把家庭、事业全搞砸了。

这时候，要想做双赢的沟通，就要耐下性子，如前面故事的例子，听对方说，为他着想，同情他，也为他解决问题。

他（或她）的问题解决了，家庭和谐了，事业顺心了，不就是双赢，甚至三赢的沟通吗？

怪不得有美国的心理学家调查，公司主管们的平均时间分配是：9%的时间在"写"，16%的时间在"读"，30%的时间在"说"，45%的时间在"听"。

"沟通"不是"辩论"，而是尊重对方，并使对方尊重你。

一定要明确对方的态度

当试图平等、理智而公允地说服别人时，被说服者可能有三种类型，这就是支持者、反对者、中立者。对于这三种可能的态度，如果细致地区分，还需了解其态度的强烈程度，从而还可以区分出积极、坚定的支持者与勉强、消极的支持者；坚定的反对者与脆弱或温和的反对者；有所偏向的中立者。有必要认真对待这种区分，因为说服坚定的反对者与说服温和的反对者的方式与方法是不同的。

说服的主要对象是中立者与反对者，在识别出他们持有哪种态度的同时，还应考虑到这些人的人数，因为说服的工作量及复杂性将因有待说服的对象的数量而同步增长。尤其当这些人构成了可以识别的反对者"群体"或中立者"集团"时，他们内部之间就会因一种联带关系而诱导出一种相互服从。一旦反对者公开陈述其立场，并说服其他人也支持他的观点，对这种反对者群体的说服就会变得极其艰难。在准备进行说服时需要做好计划，预想到说服工作将可能是一个漫长的过程，从而保持一种充分的耐心。《三国演义》中，诸葛亮为说服云南边地少数民族归降蜀汉政权，六次将俘获的酋长孟获释放，直到他第七次被俘，才心服口服。七擒孟获的故事表明了一个英明统帅的信心与耐心。

对于有待说服的对象，不管是一个人还是一千人，在说服之前应确定其所持的态度，估计其所持的立场，由此估算出相对于你所要求的目标与他们之间的距离。管理学家弗兰克.K.索能伯格在他的《凭良心管理》一书中，对企业成员对待自己的工作及本企业的态度作了分析，认为企业成员在最低限度上可能持一种漠然的态度，在最高境界上则会具有一种奉献精神。从漠然到奉献式的投入会经过下述几个阶段：

1. 漠然的态度

这些人坐在办公室里看报纸，坐等下班，永远也提不出什么建议或自告奋勇地去做什么事情。他们接受工作分配，记下最后期限，无任何反应，一副无精打采的样子。这种消极的情绪具有传染性。

2. 满腹牢骚的态度

这些人没有达到他们希望、要求和期望的目标，但仍抱有一丝希望，想通过发发牢骚来改变现状。给他们分配另外一些日常工作时他们会很不高兴,非得他们认为可以了才会去做。与他们交谈并保持倾听态度,你会发现有什么事情在使他们烦恼。如果你无视他们发出的信号,他们会变得漠然处之或激动之下撂挑子。

3. 顺从的态度

这些人仅仅满足于自己应尽的职责,他们不愿做任何使其与众不同的事,他们只安于现状。

4. 有明确目标的态度

卓有成效的企业管理制度使这些人心情愉快,全心全意地工作,对现状满意乐观。在这一阶段,人们与其说是为企业的成功而工作还不如说是对个人的成功更感兴趣。如果有其他企业提供更好的机会,他们有可能跳槽。

5. 忠诚的态度

工作对这些人是一种乐趣,他们相信自己在做有意义的贡献,也相信得到了公平的待遇与报酬。他们更关心集体,更少考虑个人。但是,忠诚不一定总能激发创造性,使人能进行独立的思考,也不意味着主人翁精神和自我更新的冲动。

6. 奉献的态度

这些人在忠诚的基础上又迈进了一步。他们深受企业价值观的影响,因此能不断地为企业的成长寻找新方法。他们的激情、热诚、主人翁精神对其他下属有感召力。

持续而有效的说服过程就在于实现组织成员们从漠然处之的态度向积极奉献的主人翁态度的逐步过渡，从而最终使组织成员成为一个具有奉献精神的群体。卓越的组织是由卓越的人组成的，卓越的人不仅仅表现在能力、才华上的优异，而且具有一种精神上的卓越，一种追求卓越的精神。奉献的态度将使人的能力与才华不断地被激发出来。

第四章

微管理关键词之四——沟通

其实企业管理工作中最多的无外乎与下属彼此间的交流，大约占全部工作时间的60%以上。可见，一个企业中如果缺乏有效的交流，将会造成很大的障碍。作为领导，应该掌握与下属交流沟通的有效方式，以解除与下属之间的沟通障碍和冲突。

清楚沟通的意义

沟通是人际之间或群体之间传递和沟通信息的过程。在组织内，沟通是指正式的、非正式的领导与被管理者之间自上而下或自下而上的沟通信息的过程。

组织内上下之间、群体与群体之间、人与人之间的沟通渠道畅通，才能很快传递和沟通信息，体现民主、和谐的气氛，引导组织成员为组织目标服务。日本和西方国家在企业管理中将"职工沟通"作为提高生产率的重要途径。管理人员所处理的每件事情均涉及到沟通，并以沟通的信息来作为决策的依据，但决策之后仍然需要再与人沟通，否则无人能够了解决策的内容。哪怕是最好的观念、最富有创造性的建议或最完善的计划，如缺乏良好的沟通，就无法发挥其效用。因此，每位管理者都必须具备有效的沟通技巧。当然，这并不是说光有良好的沟通技巧就能做好领导工作，但可以这样说，缺乏良好的沟通就不可能做好领导工作。

成功的沟通不仅意味着信息的传递，而且包括传递的信息被人了解。例如收到一封西班牙语的信，收信人对西班牙语一点也不懂，在将此信译成中文之前，仍不能看成为是一种沟通。因此，沟通是信息的传递和了解，而完善的沟通是指信息的接受者能够完全了解传递信息者所表达的意思。

对于一位管理者来说，了解组织内部的沟通过程和彼此之间的沟通方式，对有效沟通、提高人的工作积极性为组织目标服务是相当重要的。但因为组织中的人员都有其扮演的角色，而且按照岗位职责关系办事，因此，组织沟通要比一般的人际沟通要复杂得多。

组织沟通的主要目的是为达到协调一致的行为。没有很好的沟通，组织成员各行其是，组织行动就无法统一，使之协调到为组织目标服务上就很困难。在这种情况下，也许只有各种个人目标，没有统一的组织目标。

沟通的另一个目的是传递信息。最重要的信息沟通是组织目标的沟通，因为它可以给组织成员一个方向感。信息沟通又是为了对具体任务进行指导，使组织成员明确自己的工作职责，并且了解他们的工作对实现整个组织目标所做出的贡献。组织也必须及时通过与其成员的沟通来了解他们努力的成果。

总之，沟通是领导的重要活动内容和组成部分，有效沟通可以起到以下几点作用：

使组织成员感到自己是组织的一员；

激励成员的动机，使成员为组织目标奋斗；

提供反馈意见；

保持和谐的劳资关系；

提高士气，建立团队协作精神；

鼓励成员积极参与决策；

通过了解整个组织目标，改善自己的工作绩效；

提高产品质量和组织战斗力；

保证管理者倾听群众意见，并及时给予答复。

日本的成功的管理经验最主要的特点就是注意沟通。如职工参与决策过程，质量控制圈，管理者与下属在一个敞开的办公室一起办公，所有各级下属工作后的社交活动以及领导与被领导之间不强调地位、身份等，都是为更好地促进沟通的具体表现。日本的管理经验证明，只有通过公开的各种沟通渠道，使下属获得所有信息，然后大家一起决策，这样的组织活动才能有效率和效益。日本经理们认为，尽管沟通有时花去一些时间，但这种沟通上的投资可以调动人的积极性，使每个人都能尽最大的努力为组织群体服务。

美国一些大公司已建立各种沟通渠道和网络，使职工与领导之间、职工与职工之间进行广泛地沟通，有的甚至采取公司与顾客之间进行沟通的方法满足他们的需要，预见他们的要求。美国国际商用机器公司就是保持与用户经常地沟通，了解世界市场信息，从而提供最佳服务，独步全球。

所有领导工作都需要自上而下的或自下而上的有效沟通，只有有效地沟通，上下级之间、同事之间才能有理解、和谐的气氛，才能将所有人的积极性调动起来，为组织的总目标服务。

沟通的四种基本方法

沟通的基本方法有四种：书面、口头、非语言和大众传媒。这四种方法经常是同时交错在一起使用。选择哪一种沟通方法一般取决于接受信息者是否当时在同一地点、信息的紧急程度、信息的秘密程度以及传递方式的价格费用。

1. 书面沟通

书面沟通是借助于书面语言进行沟通。如书信、备忘录、报告、布告、通知、工作手册、报表以及组织的定期刊物等。书面沟通的优点是信息可以长期保存，对一时辨不清的信息可作反复研究。如信息内容发生问题时，还可以参考留存的文件。在复杂或较冗长的沟通场合尤其显出书面沟通的重要性。

书面沟通的另一个优点是来自于沟通过程本身，除了发表正式讲演等少数情况外，书面沟通对语言文字的依赖性较强，往往需要更全面、较合逻辑并且清晰的表达方式。书面沟通的效果受文字修养的影响很大。而书面沟通的缺点是要花费很多时间，如口头表达需要 10~15 分钟，而书面方式也许要花一个小时才能将这些信息写下来。

此外，书面沟通的反馈慢，如寄一份备忘录给某人，不一定他能理解备忘录内容的原意。即使理解，书面答复也缓慢。

2. 口头沟通

口头沟通是借助于口语进行沟通。如演讲、讨论、谈话，以及非正式的悄悄话和谣传等。口头沟通的好处是比较灵活、速度快，双方可以自由交换意见。口述的信息能够在短时间内传送出去并被接受。如果接受者不能很清楚地理解这一信息内容，传送者能及时发现并及时纠正。

口头沟通的缺点是信息保留时间较短，使用也有一定的局限性，尤其是信息需要通过许多人来传达时，信息可能被歪曲走样。

3. 非语言沟通

人类进行沟通活动最重要的工具当然是语言，但是沟通的工具决不仅限于语言。如借助某些无声语言来达到沟通的目的。非语言沟通包括手势语、时间、颜色等。

（1）手势语。手势语是人们进行非语言沟通的一种工具。例如，中国人竖起大拇指是表示称赞某人、赞赏某物或笼统表示赞同或好的意思。而在美国，常常有人站在公路边，举手竖起拇指，拇指朝着他要去的方向摆动，意思是希望搭便车。这个动作就是说，"我要到……去，是否可以让我搭便车。"这些手势语，如不经解释，往往会为其他民族的人所不理解，以致造成某些误会。

（2）时间。由于民族之间的文化不同，人们对时间的概念也有所不同。如在美国，人们非常讲究时间，他们不管工作、约会、上课、吃饭、看戏、开会都很讲究准时。人们的生活节奏是快速的，时间观念是极受重视的。譬如约会，人们总是事先预约，讲好几点，约会大约多久。

（3）颜色。由于人们在日常生活中经常与颜色接触，所以很多时候把它们用来代表颜色以外的东西。因此，人们在沟通过程中，应注意颜色这类非语言沟通。如在我国，人们用红颜色的纸作包装送礼，表示吉利；而在其他国家，红色有其他含义，如在美国，人们用红墨水记账表示赤字。所以商界人士最怕红字，因为商界里的赤字、负债都是用"红"来书写的。

4. 电子媒介

在当今科技发达的时代，我们利用许多复杂的电子媒介来进行沟通。除了传统的电子媒介，如电话及公共通讯系统外，还可以通过手机、网络等方式进行有效地沟通。

提高沟通的四种方法

要提高沟通效率，管理者就必须充分认识沟通障碍的现象，避免和解决组织中的沟通障碍，改善组织内的人际关系，提高组织沟通网络的技术。

1. 改善人际关系

人是社会的人，人有合群和集体的需要。人只有通过彼此间的相互交往和沟通，诉说各人的喜怒哀乐，才能增进人际之间的思想感情，产生亲密感。换言之，交往与沟通本身是一种人类所特有的精神需要，在人类的需求结构中占有相当重要的位置。如果满足职工的精神上的需要，他们就心情愉快，干劲倍增。人与人之间有了共同的语言，即使沟通碰到障碍，也会相互理解。

2. 提高网络沟通的技术

有效的组织沟通是及时地用正确的形式向必须沟通的人提供准确的信息。要提高网络沟通的技术，管理人员必须在组织内建立有效的沟通渠道，尤其是那些非正式的、开放式的沟通渠道，因为沟通渠道畅通，有利于企业内成员之间、上下级之间建立相互信任的关系，减少地位障碍和谣言的传播。在当今新技术革命的时代，沟通更加容易，速度更加快了。

3. 控制信息流程

为了缓和信息过多的状况，管理者有必要建立一套控制系统，使接受的信息都是重要的，而且优先接受那些较为重要的信息。所谓控制信息，是指控制信息的质和量。

控制信息流程，首先要考虑授权下属处理某些信息，由下属有选择地将重要信息报告给管理者。其次，把下属报上来的信息加以浓缩。信息传送者作口头沟通时，应鼓励他们简明扼要，如作书面沟通时，要求他们列出报告的要点。再次，让下属根据信息的重要程度分类。这样，信息与信息之间就可以确定一个优先次序的关系，而且也不致遗漏或忽略掉重要的信息。

4. 主动倾听意见

管理者要注意倾听各种不同信息和意见。倾听是主动地听取意见和了解对方话中的含义，但是，听却是被动的。

改善与下属交流的三个技巧

交流对于领导工作起着非常关键的作用。在企业中如果能够充分改善下属交流的效果，就能够最大限度地挖掘企业人力资源的潜力，从而能够完成本企业组织的目标，提高企业的劳动生产率，改善企业的经营状况和业绩。改善企业下属交流的效果应该注意以下几个方面的问题：

1. 正确地运用各种交流类型

一般来讲，每一种交流方式都有它的优点和缺点。交流者要了解各种交流方式的优点和缺点，针对不同的交流、不同的信息接收者采取不同的交往类型，只有这样才能够取得比较好的交流效果。

2. 创造良好的交流气氛

交流并不仅仅是信息发出者发出信息就算结束了，其关键步骤在于交流一定要使接收者能够接收到信息、理解信息并运用信息，所以应该尽可能地创造良好的交流气氛。

比如信息发出者和接收者之间建立良好的人际关系，建立一种轻松愉快的氛围，从而为有效地接收信息创造一个较好的条件。

3. 要重视下属交流的能力

因为下属交流的能力直接影响到下属交流的效果。在实际工作中，一方面要培养下属发出信息的能力，诸如讲话能力、写作能力等；另一方面要培养下属的接收信息的能力，例如倾听的能力、记笔记的能力、理解的能力，等等。

企业中下属交流能力的提高会使交流的质量提高，这样，信息在企业中的交流就会畅通无阻，企业的整个交流、沟通系统就会更加严密、完整、有效，因而能够充分发挥每个成员的积极性，使下属的潜力最大限度地发挥出来，促进组织目标的实现。

抓住对方的心理细节

对于管理者来说，要想获得良好的人际关系，抓住对方的心理是相当重要的。

抓住对方心理是和别人交往、说服别人的重要途径。交往之难不在于见多识广或表达之难，而在于看透对方的内心，并在此基础上巧妙地表现自己。人的心理十分微妙，即使是同样的一句话，也会因对方的情绪变化而得到不同的理解。读懂对方的内心才能控制其情绪的变化。

沉默的下属就是一扇关闭的门，如果管理者在交往中稍有不慎，那么对方就永远不会向你敞开心扉。怎样才能使沉默寡言的人向管理者敞开心扉呢？首先应该进入对方的内心世界引发其产生心理动摇。只要管理者抓住了沉默下属的心理，下属就会很容易地向管理者敞开心扉。

管理者可以使下属感觉到自己十分同情他的处境。如果下属因为遭遇挫折而不言语，管理者不妨表示同情，可以用一种宽慰的语气对下属说："如果我处在同样的环境，遇到同样的事情，肯定也会失败。"这样下属就不再担心管理者会严厉地批评他，进而也愿意和管理者展开交谈。

管理者不能老是等上级的指示，在妥善处理了自己分内的工作以后，要主动地为上级分担工作。管理者不能看到上级仍在忙碌也无动于衷，这种事不关己、高高挂起的心理和行为是不利于管理者的管理的。

管理者即使遇到了与自己没有任何关系的事，只要具备一定契机和理由，也应该像对待自己的事一样做出积极的姿态，这样才能感化别人。感化别人的关键在于情感、需求、本能等行为动机，不要跟下属或者上级空谈道理，那样是没有任何效果的。

主动沟通的四个技巧

共同话题的主动权是应该掌握在管理者手中的。共同话题往往来源于下属和管理者的共同点，这些共同点往往容易拉近下属和管理者的距离。一般来说，可以从以下方面来寻找共同话题：

1. 从下属的口音中找话题

下属的口音往往能够表明身份和经历。管理者要大胆地猜下属的口音。猜对了，固然可喜，两个人有了共同的话题；猜错了，也很可喜，因为下属往往会告诉你他是什么地方的人，这样你们还是找到了共同的话题。

2. 从下属的穿戴来寻找共同话题

下属的衣着、举止在很大程度上可以反映出他的身份和地位。这些都可以作为管理者判断并选择话题的依据。如果看到一个西装革履的人坐在较大的办公室，管理者就可以判断其为主要负责人，即使猜错了，也可以借这个错误的判断来恭维他。只要接上了话，就可以很轻松地控制整个局面。

3. 从共同遭遇谈起

"同是天涯沦落人，相逢何必曾相识"，一般来说，遭遇相同或者近似的人容易形成共同话题。管理者可以通过共同的遭遇和下属寻求心灵上的共鸣。在我国历史上有些时期，很多人的遭遇都是相同的，如知识青年上山下乡。对于这类遭遇，管理者可以和别人侃侃而谈，尽量制造良好的交谈氛围。

4. 从共同物件谈起

如果管理者和下属有共同的物件，往往可以从共同物件谈起。比如下属有一个皮包和管理者的皮包是相同的式样和型号，管理者就可以从谈皮包出发，来引诱别人和自己交谈。

交谈中忌讳的四件事

管理者在和下属交谈的过程中，有些态度和表现是相当忌讳的。这些态度和表现很可能使管理者丧失交谈中的主动权，导致交谈的失败。这些忌讳主要是：

1. 不要好斗

在和下属的交谈过程中，管理者应该尽量表现随和，通过热情和真诚来感化人，但是千万不要试图通过争辩来说服下属。争辩只能导致矛盾和不满，即使下属口头上认同管理者的说法，管理者也别相信别人已经心服口服。在和下属交谈的过程中，谁对谁错本身就是无所谓的事情，关键是要和下属形成一种有利于管理的关系。如果能和下属形成这种关系，下属永远是对的又有何妨？

2. 不要以自我为中心

在和下属的交谈中，不要以自我为中心，否则很容易给下属造成他们无法控制局面的印象。在交谈的过程中，应该尽量让下属感觉到自己把握主动，所有的环境因素都在自己的掌握之中，在这样的环境下，下属才有可能自觉自愿地和管理者形成一种良好的关系。

3. 不要言过其实

对下属的赞扬应该有度，对自己的介绍也应该有度。过分地渲染或者热情都会让人产生虚伪的感觉，而虚伪的感觉一产生，管理者所致力建立的诚信体系自然土崩瓦解。言过其实的说法是不足信的，这是每个人都知道的常识。

4. 不要挖苦下属

下属不管说了什么、做了什么，管理者都不应该挖苦下属。即使下属在众目睽睽之下有任何不雅的动作或者不雅的言谈，管理者都不应该挖苦他们，要注意时刻体谅下属，原谅下属的过失。挖苦下属对管理者来说没有任何好处，相反，如果体谅下属往往能够得到下属的认同。

掌握会见的六种技巧

管理者经常有会见活动。管理者只有既讲究实际，又讲究艺术，才能够取得最佳的效果。如果管理者要会见其他企业的管理者或者上级，以下是一些会见的技巧：

1. 问候时最好点名道姓

迈进会客室的门，你的第一句话可能是："你好，见到你很高兴。"但这个时候倒不如说："陈总，您好！见到您很高兴。"

2. 若对方没请你坐下，你最好站着

坐下后不应掏烟，如对方请你抽烟，你应说："谢谢。"请记住，切莫把烟灰和火柴头弄到地板上，要把它们放到烟灰缸中。

3. 学会清楚地表达

善于表达使人终生受益。讲话不会概括的人，常常引起人们的反感，因为这种人叙事没有重点，思维头绪混乱。管理者要注意自己说话的逻辑，这样能够显示一个人的能力。

4. 保持相应的热情

在谈话时，如果管理者没有倾注足够的热情，那么对方会马

上失去谈话的兴趣。

5. 要诚实、坦率，又有节制

若在一件小事上做假，很可能使你的整个努力付诸东流。谁都不是十全十美的，因此，管理者可以坦率地谈起或承认自己的缺点或过失。在评论第三者时不应失去气度，无节制地使用尖刻语言只会让人疑心："总有一天，他会在背后这样说我的！"

6. 当愤怒难以抑制时，应提早结束会见

愤怒会使你失去理解别人和控制自己的客观尺度。它不仅无助于问题的解决，反而会把事情搞得更糟。因此，管理者如果实在不能控制住自己的情绪，就应该及早地结束会见，不要让自己的情绪左右了自己的行为，最后把关系弄僵。

很好地把握说话的尺度

一位有教养的管理者不仅要对管理知识有很深地把握，而且应该很好地把握说话的奥妙。大量事实证明，管理者说话的魅力并不在于说得多么流畅和滔滔不绝，而在于是否善于表达真诚。

最能和下属交往的管理者肯定不会是一个口若悬河的管理者，而是善于表达真诚的管理者。当管理者用十分得体的话来向下属表达真诚时，他自然能赢得下属的信任，进而建立起信赖关系。下属信赖该管理者，自然会愿意和管理者交往，并将这种和

谐的关系保持下去。

对于管理者来说，如果缺少真诚，滔滔不绝、一泻千里，说话就像做空洞的演讲一样，自然会让对方对其无法产生认同感。管理者说话成功的关键就在于在谈话中注入真诚，并将自己的心意传递给对方。只有当下属感受到管理者的诚意时，他才会打开心扉，接受管理者的说话内容，实现和管理者的沟通，进而和管理者形成良好的关系。

在与下属沟通的过程中，还可以通过自曝弱点来表示自己的真诚。有些管理者在面对下属时，往往会说自己在人际交往中很笨拙，因此在交往的过程中有什么得罪的地方或者言语有什么不妥的地方，还希望下属能够提出批评意见。这是真诚的表现，通过表现自己的真诚，管理者可以让下属迅速认同自己，进而愿意和自己保持一种良好的关系。这种方法被很多管理者所采用，有些管理者虽然已经是交往高手，但是为了表示真诚，还是向下属表明自己相当笨拙。当下属在交谈的过程中漏洞百出时，管理者往往表示理解，并给予一定程度的认同。这些都是为了向别人表达自己的真诚。真诚的管理者容易赢得下属的尊重，而不真诚的管理者却容易让下属厌烦。

换位思考，站在下属的角度思考问题

每次妈妈带着3岁的儿子到商场购物，儿子总会哭闹个不停，这让她很困惑。一次逛商场时，她蹲下来给儿子系鞋带，当她看到周围晃动的大腿时,她终于明白了。此后逛商场,她都会把孩子抱起来,或者让他坐在儿童车里,孩子不再哭喊着要离开了。

就像这位妈妈的困惑一样,很多管理者都会问:为什么下属对工作没有激情呢?为什么我很努力地为下属着想,他们却好像不领情?为什么下属总是喜欢玩捉迷藏的游戏,明明工作可以完成得很好,他为什么还要拖到明天?为什么会有下属在私底下对我出言不逊?一连串的为什么,真是让人懊恼。

究其原因,多种多样。但是可以肯定的是,这些领导没有认真审视自己的工作方法,没有了解下属的意见和建议,没有理解下属的真正需求。很多领导只关注公司的绩效和客户的满意程度,却忽略了所有这一切都是下属们辛苦工作的结果。

王浩的公司在日常运营时会经常遇到资金紧张的情况,有时客户的款项没有及时到位,银行贷款却要立即归还,等等。又到了月底,王浩的工程款还没有到账,他决定先不给下属发工资,等工程款到了再说。于是他把这个决定通知了下去。

他以为下属可以理解,又不是不发,只不过稍微晚几天而已。谁想到,迟发的决定引起了轩然大波,有两个下属直接辞了职,其他没辞职的也都非常不满。王浩找来他的秘书了解情况。秘书说:"张姐的孩子要交学费了;王珊等着付房租呢;虽然孔明不缺钱,可是他说这是他的权利,工资又不是你赏赐的,是他靠工作得来的……另外,您今天让我订了包间请人吃饭,很多人就在边上。"

王浩这才意识到事情的严重性,赶紧从朋友那儿周转了一笔资金,把下属的工资发了。在这之后,他再没有拖欠过下属的工资。

王浩作为老板，平时手头的钱很活泛，所以他觉得下属晚拿几天工资没关系。就因为他没有站在下属的角度思考问题，最后造成了下属纷纷离心。"只想马儿跑，却不想给马儿吃草"，最后损失的只有自己。

下属处于公司运营的最末端，也就是最终执行者，他们的愉悦程度对于公司决策的执行有很大地影响。卡耐基公司总裁兼执行官彼得·韩德说过，"一个领导人，有一点特质是绝对不能缺少的，就是要对人感兴趣。"领导的工作就是俯下身去关心每一个下属的日常生活，了解不同的个体差异和发展需要，有针对性地实施差别激励，以更好地鼓舞下属为更大的目标努力，才能实现对下属的领导力和影响力。

站在下属的角度想问题、做事情，实践起来不是一件容易的事情。毕竟领导和下属的利益在绝大多数情况下是对立的。在这种情况下，领导怎么才能180°大转弯，站在下属的角度呢？

第一，先进行心理建设。懂得换位思考的人，往往内心是比较开放的。对于不一样的意见和观点不会马上启动排斥心理，而是保持一份礼贤下士的心态，把下属当成企业的"客户"，学习取悦下属的哲学。只有这样，遇到问题，管理者才能有从下属角度考虑的心理预期。

第二，缩短与下属的距离。为什么不理解，因为你不了解。为什么不了解，因为你们距离站得太远了。领导应该从内心培养对下属的感情，拉近与下属的距离，尊重下属的意见和要求，与下属结成亲密的伙伴关系，时刻把握下属对变化的外部环境所表现的行为细节和心理感受，了解下属对公司发展战略的想法、对自身发展的要求。这是管理者能站在下属角度的主观动力。

第三，建立企业内部的沟通机制。一个领导会因为某件事情是好的而去做，而优秀的领导会把这种"好"持续下去。领导应该营造起公司内部沟通与协商的机制和环境，把企业目标、战略、经营理念融入每一个下属的头脑并成为共识，让下属不当头儿也有奔头儿。这样，既在一定程度上满足下属的自我实现欲望，更重要的是提升了下属考虑问题和处理事情的高度，从而拉近领导与下属的距离。这无疑是解决领导难以站在下属角度看问题的对策。

一个领导往往扮演引爆下属潜力，协助下属释放能量的角色。要想成功地完成这个任务，就必须把"以人为本"贯彻到底。这不是空话，而是切切实实的忠告。把你工作的焦点放在"下属"身上，设身处地地为他们着想，了解他们的期望、观点、价值观等，你才能获得对方的支持，才能使下属为你尽心尽责地工作，才能达到企业发展与下属发展的双赢。

沟通至上，成为下属的良师益友

上面说过，要站在下属的角度进行思考，当然你可能会决定在下属的岗位上"体验一把生活"，但是长久来看，最主要的还是要与下属多沟通。作为管理者，沟通风格的不同对下属的向心力和团队业绩有着很大的影响。

我们把领导的沟通分了四种类型：

（1）封闭型。这种领导只顾自己的工作，很少向下属吐露自己的心声，也从不听取下属的意见。对于工作上的压力，他自己一个人承受，他非常害怕失去自己的主导地位，于是对于有能力的下属视而不见，对于弱能力的下属更是理都不理。因此，这类领导很容易让下属产生敌对和失望的情绪。

（2）隐秘型。这类领导具有很强的防卫心理。他们很害怕下属的不认同，在评价下属时总是说好听的，从来不把自己真实的想法说出来。开头，下属可能会比较高兴，但是时间长了，会认为领导的话根本不能信。

（3）盲目型。这类领导过于自信，比较在意自己的决定，很少听取下属的意见，往往单向发布指令，非常独断。忽视下属的优点和潜力，造成的后果就是使下属心怀不满，双方关系恶化。

（4）开放型。开放型的领导比较注重信息的沟通，善于在团队中营造宽容互信的开放气氛，能够正确地表达自己，也能思虑到下属的需要，听取下属建设性的意见。因此，这种沟通风格能创造融洽的工作氛围，让下属愉快、努力地工作。

让我们在这四种风格中选择一个最好的，当然是开放型的，这样的领导不仅能够使工作效率大大提高，还能变成下属的良师益友，何乐而不为呢？

小罗和小张是刚加入到电话销售四部的新人，经理周瑾把他们简单地介绍给团队成员后，给她们安排了座位，告诉他们打电话给客户，然后就没有再关注。几天后，周瑾发现两人的电话在线率非常低，平时都不跟其他的下属在一起，连吃饭都是两人单独坐，开会的时候也很少听到她们发言。

半个月过去了,两人都没有出单,连意向客户的积累都很少,周瑾非常苦恼。副经理提出直接把两个人辞退算了,可是周瑾觉得两个姑娘也不容易,再说如果不把问题搞清楚,以后的业务不好开展,毕竟现在做电话营销的人多半是年轻人。

于是,周瑾找到小罗和小张,说:"工作半个月了,你们觉得怎么样?"谁知小罗一愣说:"经理,你是不是要开除我?"这句话让周瑾大感意外,想了想说道:"怎么会?你们做得还算不错。我刚做这一行时都没勇气给人家打电话的,怕被别人挂电话,被拒绝过很多次,后来才慢慢地适应了。"小罗听经理这么说,放松了下来,开始把自己真正的原因说出来。

跟周瑾想的一样,两个小姑娘脸皮薄,被拒绝之后就很自卑,很没底气。于是周瑾谈起了自己的过去,说自己当时也是这样的,差点就放弃了。他给她们做心理建设的同时,讲了很多方式和方法。两个月后,两人的业绩已经赶上老下属了。

对号入座,周瑾就是开放型的沟通风格,能够主动沟通、了解下属的需求,同时用自己的成功经历给下属打气,激励下属克服困难。周瑾的这次沟通是成功的,不仅把工作业绩搞上去了,相信这两位下属对他的感激之情也越来越深。

周瑾的沟通特点就是,他把下属当成朋友,劝导和安慰,同时还能给予下属建议和帮助。这些缺少一个都不能构成领导与下属之间的有效沟通。只给建议,那是命令,只是安慰,也不能达到提高工作成绩的目的。

成功的沟通是在和下属成为良师益友的同时,听取他们的意见,给予他们工作上的帮助。这里面有几点要做到:

1. 别自以为是，假装沟通

顾名思义，沟通就是"你听我说""我说你听"的过程。很多领导只喜欢说，不喜欢听。即使听了，也跟没听到一样。这就是假装沟通，根本没有价值。会沟通的领导是不会这样的，他会在意每个与他说话的下属，把注意力放在对方的身上，而不是放在自己的身上。在没有听懂或把握不准的时候会说："想法不错，请你再说一遍。"或者会说："……你说的是这个意思吗？"让下属知道你不仅在听，而且听懂了，这会让下属感受到被尊重，他就会更加用心地思考，用心地去说。

2. 要听得进下属的意见和建议

会沟通的领导相信会从下属那里得到许多有价值的信息。不论下属对自己说了什么，他都会放低姿态，虚心地吸收过来。他懂得去赞赏下属一些好的想法和建议，让下属知道他对自己的建议很感兴趣，这会让下属有一种自豪感，更愿意表现自己的"聪明才智"，有什么好的想法和建议也会主动地告诉他。这样，下属的想法"被吸收"过来了，管理者让自己站在更高的层次上，做出更为正确的决策。

3. 忠言逆耳利于行

会沟通的领导不会只想听好听的。他们会主动让下属"来找碴"。一个只喜欢阿谀奉承的人，不能掌握整个团队的真实情况。一个听得了忠言逆耳的人才会知道事情的真相，也才能做出最正确的判断。"你的意见非常好，我会慎重考虑的"，"谢谢你和我说了这些情况"，这些话让下属知道他们所说的很重要，他们就会愿意和你继续交流，并且在以后有什么新的消息也会主动告诉你，而不会在意你想听的是什么，不想听的是什么。

4. 把工作隐藏在愉快的交流之中

沟通的目的就是为了把工作做好，使下属更有向心力。意见和建议是"沟"，倾听并把你的想法说给他，帮助他成长才算是"通"了。这就要求管理者在和下属沟通当中，巧妙地把意见隐藏在愉快的交流当中。比如，谈谈你自己的经验，甚至是调侃一下自己犯过的错误；再比如说一个自己的问题，请下属来解答，等等。

为什么要沟通？实际上，沟通首先是为了能够倾听"不同的意见和声音"。在很多领导的内心，倾听是为了听听"颂歌"，这样的领导是很危险的。正如沃伦·本尼斯曾经说过的："一个管理者要想迅速没落，最快的办法就是让自己被一群应声虫包围。"成功的沟通是在和下属成为良师益友的同时，听取他们的意见，给予他们工作上的帮助。

恰到好处地运用身体语言

我们已经了解身体语言在人际交往中的作用，然而，真正将身体语言有效地运用到人际交往中却不是一件很容易的事。这需要我们做两件事情：一是理解别人的身体语言；二是恰当使用自己的身体语言。

身体语言比口头语言能够表达更多的信息，因此，理解别人的身体语言是理解别人的一个重要途径。从下属的目光、表情、身体运动与姿势，以及彼此之间的空间距离中，我们都能够感知到对方的心理状态。了解了对方的喜怒哀乐，我们就能够有的放矢地调整我们的交往行为。但是，理解别人的身体语言必须注意：同样的身体语言在不同性格的人身上意义可能不同。一个活泼、开朗、乐于与人交往的女孩子，在与你交往时会运用很丰富的身体语言，不太在乎与你保持较近的距离，也时常带着甜蜜的表情与你谈话。理解别人的身体语言，最重要的是要从别人的角度上来考虑问题。要用心去体验别人的情感状态。当别人对你表情淡漠时，很可能是由于对方遇到了不顺心的事，因此不要看到别人淡漠就觉得对方不重视你。

恰当地使用自己的身体语言，这就要求管理者经常自省自己。自省的目的是检验自己以往使用身体语言是否有效，是否自然，是否使人产生误解。了解了这些，有助于管理者随时对自己的身体语言进行调节，使它有效地为我们的交往服务。不善于自省的人经常会产生问题。

管理者要恰到好处地把握身体语言，以做好和下属的沟通，使得交流顺畅地进行下去。

第五章

微管理关键词之五——引导

对于没有航向的船来说,任何方向的风都是逆风。对于下属的管理也是一样的,没有技巧的管理换来的一切都是徒劳。管理者要善于引导和管理下属,循序渐进地引导与精准到位的管理对于管理者是十分重要的。

管理目标要正确

对于没有航向的船来说，任何方向的风都是逆风。

航向就是做事情的目标，做任何事情都必须有明确的目标，然后才能够将事情做好。对于管理者来说，正确地做事情固然重要，但首先必须做正确的事情，必须明确目标。不但是为自己，而且是为全体下属。

许多管理者做工作没有明确的方向，他们不知道自己该何去何从，一会儿向东，一会儿向西，一下子试试这个办法，一下子用用那个办法。做得不如意，就马上换一个方向，运气好时就能收到一些成效，运气不好就要有损工作业绩。他们往往一听说谁怎么做好，就立马学着人家做，他们的一生都似乎永远没有固定的方向，因此，工作业绩自然不尽如人意。其实，在旁人看来，他们的问题很简单，这就是他们根本不知道什么是应该追求的。

诚如一位成功学大师所说："人的头脑具有一种像飞弹一样的自动导航功能，一旦人有了明确清楚的目标后，头脑就会自动地发挥它无限的能量，产生强大的推动力，并且能够不断地瞄准目标和修正你的行为，自然地把我们引到朝向目标的方向前进。"对于管理者来说，在头脑进行这种运作的过程中，最重要的不仅只是设定一个明确的目标，而是要十分明确达成这个目标的"原因"，毕竟原因主导一切，也只有这个原因才是让人朝目标持续前进的原动力。

瓦伦·本灵斯研究了90位美国最杰出的管理者，发现他们有4种共有的能力：令人折服的远见和目标意识；能清晰地表达这一目标，使下属明确理解；对这一目标的追求表现出一致性和全身心地投入；了解自己的实力并以此作为资本。可见，洞察机会与确立目标的能力对于管理者是十分重要的。

对目标庖丁解牛，才能步步实现

对于管理者来说，光有目标是远远不够的，还必须能像庖丁解牛一样将目标进行分解。

管理者要分解目标，首先必须和团队成员进行充分地沟通。只有通过充分地交流，团队上下层才能对环境有更充分地了解，在最大程度上消除信息不对称的现象，这是上下级之间相互理解、相互协调的前提条件。

其次，必须对目标进行初步地分解。目标的分解过程遵循参与决策的方式，由上而下结合由下而上地共同参与目标的选择，并对如何实现目标达成一致意见。管理者需要通过各种方式来鼓励大家共同参加目标制定的决策。参与决策的主要优点是能够诱导个人设立更困难的目标，如果目标难到足以使个人发挥出他的潜能，则这种方法是有效的，参与是通过增强个人的勇气而对绩效产生积极的影响。通过参与决策的方法，在很大程度上鼓舞了下属的士气，他们普遍对自己选择的目标很满意，也充满了信心，因为他们是在主动地挑战自我设定的目标，这对于目标的实现是十分有利的。

再次，必须对目标进行深度分解。团队成员结合自己的目标，分析公司的下期工作方向与竞争策略，找出自己的思路与公司经营思路的差异与分歧，并且分析其原因。管理队伍成员在理解公司的经营目标后，在工作中有正确和清晰的方向感，在追求短期利益的同时保证公司的长期战略的实现，并据此重新拟订下期的工作计划。

最后是拟订工作计划。目标分解的过程是团队成员在思考每一个数据是怎样估计出来的，以及如何去完成的过程。当目标分解完之后，团队成员对于下期的工作细节也就基本上胸有成竹了，然后就根据每个细节的重要性与紧急性安排好自己的工作计划，并形诸文字和表格，在执行时记载进度情况。

下属自我管理的范畴

在智慧女神雅典娜的神庙上刻着唯一一句话："认识你自己。"

我们知道IBM公司对下属的关心体贴以及其终身培训制度一直为业界所称道，还知道从小沃尔森时代一直延续到现在的鲜明的纪律文化。但是，IBM公司之所以取得如此大的成功，不仅是因为IBM公司对下属所做的一切，而且更因为IBM公司的下属能坚定不移地信守和奉行公司的价值理念、遵守既定的规则，同时还具有突出的创新精神。因为IBM公司的下属在很大程度上实现了自我管理。

现代的企业管理越来越倚赖于规则，毕竟没有规矩不成方圆。但和大自然中的任何法则一样，规则也不能太繁、太多，过多就会失衡，变成负面的东西。下属必须实现自我管理，而实现下属自我管理的关键要素是引导和帮助下属。

20世纪初，美国著名教授梅奥提出了"人群关系理论"。他宣称，工人的生产效率主要取决于工作态度以及他与周围人的关系。梅奥以及马斯洛的需求层次学说为管理学的发展开辟了极其广阔的空间，在下属应得到尊重、鼓励，应从工作中得到乐趣和满足人性化理念的推行和应用过程中，下属的自我管理也得到了推广。对于组织来说，任何自发的自我管理都可能导致混乱。因此，需要对下属的自我管理进行正确地引导，这需要企业制定统一的战略规则。

下属自我管理的范畴大致包括：下属对组织"引导方式"的认同程度，对一定的文化价值体系的理解和兴趣程度，羞耻感、自律感、自我约束力以及自我激励能力，工作中所表现出的主观能动性，对所承担工作和达到组织所设定目标的自信心，克服困难和战胜挫折的勇气，对同事的尊重和在工作中体现出的合作精神等。

诚信，管理者与下属共同拥有

管理者要讲究诚信，同时也必须让其下属也讲究诚信。

诚实守信，以诚相待，是所有管理学上最有效、最高明、最实际，也是最长久的方法。林肯说："一个人可能在所有的时间欺骗某些人，也可能在某些时间欺骗所有的人，但不可能在所有的时间欺骗所有的人。"对于管理者来说，道理也同样如此。在一个信息传播日益迅速的市场环境下，管理者的小手段、小聪明是很容易被看破的，即便是偶尔取得成功，这种成功也会是相当短暂的。对于管理者来说，要想赢得下属的心，诚信才是永久的、实在的办法。

市场经济发展了两百多年，在西方国家出了不少优秀的管理者。审视他们的成功因素，会发现有很多不同，有的性格乖张，有的性格开放；有的靠强大的社会活动圈，有的靠名人的推荐，等等。但是在他们的所有素质中，我们不难发现一个很简单的事实，他们都是讲求诚信的人。他们通过他们的诚实来获得了下属的信任和信赖。

一个管理者开始他的管理生涯的最基本素质就是诚信。如果一个管理者成天地想着如何欺骗他的下属或者如何欺骗他所服务的企业，他怎么可能赢得下属和企业的信任？

对于一个业务员来说，有成效的管理固然重要，它是管理者进行管理活动的直接目的，但是并不是惟一目的。管理者进行管理活动的基本目的还在于建立个人的诚信体系，以此来为组织、下属和自己谋求更多的利益。

管理者在管理活动中的诚信主要体现在两个方面：

一是对企业的诚信。管理者所进行的管理活动并不仅仅是个人的事业，在管理者的身后有个强大的企业支撑体系。企业的运作需要管理者和下属的努力。管理者要时刻注意维护企业的形象。

二是对下属的诚信。对下属的诚信是管理者应该具有的最基本的素质。管理过程就是管理者和下属不断沟通的过程，通过和下属的沟通，使下属对自己产生信任，进而服从管理者的工作调度，共同实现管理目标。

第六章

微管理关键词之六——奖励

> 管理的精髓确实就是这样一条最简单明白不过却往往被人遗忘的道理：你想要什么，就该奖励别人做什么。作为公司（团队）的管理者，需要通过部属的进取精神去完成预期目标。但是，如果没有对下属的奖励，下属的士气就无法振作起来，更谈不上完成工作任务了。

只有奖励才能调动积极性

许多人都看过马戏团的表演,其中有许多有趣的节目。有个传统节目叫"小狗做算术"。每次当教练员举起一个数字的牌子时,小狗就能准确地叫出几声。这时,教练员就会从口袋中掏出一粒糖塞到小狗嘴里,以示赞赏和鼓励,小狗也高兴地摇摇尾巴。下一次教练员再让它算时,也总能答对。同样,另一个马戏表演——大狗熊骑自行车也是这样。每骑一段,教练就往它嘴里塞两粒糖。有一次教练员的糖不够了,只往它嘴里塞了一粒。那只大狗熊马上从自行车上下来,一屁股坐在地板上不起来了,急得教练员毫无办法。上面的两个例子说明,动物,也包括人类自己,有一种天性就是会去做得到奖励的事情,而这正是我们所要论述的最重要的领导原则。

美国有一个叫米契尔拉伯福的人是从车间里成长起来的领导专家。在长期的领导实践中,他一直为一种现象感到困惑。那就是许多企业、组织不知出了什么毛病,无论管理者如何使出"浑身解数",企业、组织的效率还是无法提高很多;下属、部属还是无精打采;整个企业、组织就像一台生锈的机器,运转起来特别费劲。他试图从众多的领导学著作中向领导大师们讨教,可结果仍是一头雾水,不明所以。最后有人告诉他,最伟大的真理往往最简单,当你不能理解一项问题时,就从最基本的来,你会发现答案的。就这样，米契尔拉伯福回过头，反复思索自己的领导实践，最后终于悟出了一条最简单、最明白，同时也是最伟大的领导原则。

拉伯福认为，当今的许多企业、组织之所以无效率、无生气，归根到底是由于它们的下属考核体系、奖罚制度出了问题。"对今天的组织而言，其成功的最大障碍就是我们所要的行为和我们所奖励的行为之间有一大段距离。"

拉伯福说，他所辛辛苦苦地发现得来的这条世界上最伟大的领导原则就是："人们会去做得到奖励的事情。"

领导的精髓确实就是这样一条最简单明白不过却往往被人遗忘的道理：你想要什么，就该奖励别人做什么。作为公司（团队）的管理者，需要通过部属的进取精神去完成预期目标。但是，如果没有下属奖励，下属的士气就无法振作起来，更谈不上完成工作目标了。

同样，领导需要建立合理的奖励机制来营造一种积极的团队文化，以强化下属的动机，促使其更积极有效地工作。研究人员通过衡量各种奖励的重要性，发现最有价值的奖励是工资，随后是提升、个人的发展和作为某群体成员的成就感。价值最低的奖励是好感与尊敬、安全和表扬。换句话说，工资、有出人头地的机会和满足内心的需要，对下属的激励最为强烈，而需要安抚和安全感的激励较弱。

激励因素价值的大小根据下属人文特征的不同而不同，年龄较大、任期较长的下属和那些家庭人口多的人对金钱奖励最为重视；未婚的或家庭人口少的和通常受到较多正式教育的年轻人认为较高层次的奖励（表扬、好感与尊重、成就感）更有价值。

调动积极性——金钱奖励

优秀的管理者会考虑给他的下属以较高的工资,因为高薪是招聘优秀人才的永不褪色的绝招。一般来说,只要满足下属的物质需求,支付较高的工资,只要工作不是特别辛苦,下属是很乐意干的。高工资对于下属而言有着较大的吸引力。当然,我们并不否认有的企业工资不高,但下属也比较稳定。

管理者还应明白这样一个道理,真正的天才应该是无价的,即使是花费万金也应在所不惜。

有这样一个故事,瑞士有一位研究生研制成功了一支电子笔及一套辅助器件,其可以用来修正遥感卫星拍摄下来的红外照片。这项重大发明立即引起了全世界的注目。美国的一家大企业闻讯后,马上派人找到了那位研究生,以优厚的待遇作为条件,要求这个研究生去美国工作、学习。同时,瑞士的一些公司也想留住他。于是,各方展开了激烈的人才争夺战。这些公司都要给他高薪,这场人才争夺战打得不可开交。最后,精明而又大胆的美国公司代表说:"现在我们不加了,等其他公司加定了,我再乘以5。"

尽管薪酬不是最好的方法,但往往是最有效的激励下属和留住人才的好办法。有一位喜欢安静的老人独自生活了很多年,他非常习惯这种生活,可是有一天这种生活被一群孩子的来临打破了,社区的一群孩子每当放学后都会到这位老人的房子周围玩耍,他们大声地尖叫、嬉笑。老人被他们的吵闹声弄得寝食难安、坐卧不宁。但是，这位聪明的老人想出一个办法。他走出家门对那些孩子们说："如果你们每天都到这儿来玩，我就给每人5元钱。"那天，每个孩子都得到了5元钱。在这以后，越来越多的孩子聚集到老人的房子周围玩耍。可是有一天老人没有出来，自然所有的孩子都没有得到钱，第二天老人还是没有出来，心急的孩子们终于敲开了老人的家门对老人说："既然你不再给我们钱，我们以后再也不到你这儿来玩了，并且告诉我们的朋友都不到你这儿来玩了。"老人和孩子们都得意地笑了。

上面这个精彩的故事告诉我们什么道理？为什么仅仅5元钱就起到这样大的作用呢？这个故事告诉我们：金钱具有一种左右人们行为的潜在力量，对"孔方兄"的喜欢是每个人潜意识中都有的东西。

金钱能够满足人们的需求，5块钱可以让孩子们买到自己喜欢的东西。为了满足自己得到那些东西的渴望，孩子们就不断地重复老人要求的行为，而当有一天没有得到钱，自己的需求无法得到满足时，他们自然就认为应该中断那些行为，在孩子单纯的心灵里认为金钱是行为的一种驱动，这恰恰证实了薪酬的内涵。薪酬最原始的形式就是金钱，薪酬是企业激励下属的原动力。

薪酬能提供一种保障，能够给下属一种宽慰，这就好比农民有一片好土地，在风调雨顺的时候，可以保证他年年能有一个好的收成。薪酬能够满足人们基本生活的需要，钱能让人们买来所需要的生活必需品。在自给自足的社会里，人们可以自己生产绝大多数的生活必需品，而在现在高度商品化的社会中，人人都在为钱而工作，我们需要钱来购买所需要的一切，我们需要钱来支付我们的日常生活开支。薪酬只有满足下属的基本生活需要时才能让下属感到安全，才会把下属留在原有的岗位上继续工作，否则，下属就会考虑另外的工作选择。

激励的形式分为精神的和物质的。精神激励用以满足"心理上的需要"，物质激励用以满足"生理上的需要"。由于物质是人类生存的基础和基本条件，衣食住行是人类最基本的物质需要，从这种意义上说，物质利益对人类具有永恒的意义，是个永恒的追求。

常做一些令人感动的事情

美国IBM公司副总裁巴克罗·杰斯曾经对给予下属表扬、光荣称号、象征荣誉这样的一些精神激励以极大地肯定。他在《IBM道路》一书中曾写道："几乎任何一件可以提高自尊心的事情都会起积极作用。我并不是说光凭赞美、头衔和一纸证书就会使一个付不起账单的人满足，不是这样。但是，这些做法在物质奖励的基础上是对做出贡献的人的一个很好的、公正的评价。"

赞扬下属是一种不花或较少花费成本的激励方法，如果用得妙，则会产生意想不到的效果。

小王是某公司的青年骨干，就在他结婚那天，公司的领导都来了。婚礼会场简直就像是公司的一个喜庆集会。总经理代表公司的全体同仁对两位新人说道："青年是我们公司的希望，公司为这样的下属感到骄傲，祝福你们！公司的美好未来就寄托在你们身上。祝你们幸福美满，白头偕老！"听了领导的一席话，使在场的每一位同事都和这对新人一样，心里热乎乎的。

某公司的人事主管在一次偶然的机会和一名下属下了一盘棋，发现他棋下得不错。等比赛结束，这位主管找机会和他谈话说："你的棋下得不错，有股敢于拼杀的劲头。不知你怎么看自己的？听说你工作干得也不错，你真的很棒！"得到主管的肯定，这位下属的自信心更强了。一年以后，他以优异的工作成绩得到了提升。

在非正式场合表扬下属，可以缩短彼此的距离，更易于表达感情和看法，有着许多正式场合表扬所不具备的好处。它不但能激励人、鼓舞人，而且能以积极的暗示点拨人。但要注意，在采用表扬奖励方法时要特别关注在场人员的心理变化，千万不要给人留下相反的暗示印象。

除了在非正式场合表扬下属，奖励旅游同样可以让优秀下属心中甜蜜，以后甘心继续为公司卖命。就算是选择在很近的东南亚举办奖励旅游，只要有创意和用心，不必花太多的钱，也可让下属感动。中国台湾地区的雄狮旅游公司曾替花旗银行在新加坡办了一场很成功的旅游活动。节目主持人让接受表彰的下属在台上讲出最想感谢的人。结果，这些人要感谢的妈妈、爸爸、太太竟然就出现在他们面前，与他们一同分享得奖的荣誉。

原来，主办企业请这些得奖者的亲人当天另外秘密搭机到达。"昨晚刚通过国际电话的亲人竟出现眼前"，台上的主角感动得喜极而泣。

建立完善的奖励标准

有一家生产煤气热水器的企业，销售成绩一直不理想。老板认为原因是价格定得偏高，他决定降价20%，于是召集销售人员开会宣布这一决定，大多数销售员赞同老板的决定。

只有一个人表示，问题不是出在售价上，而是售后服务网点分布不合理以及服务态度不够好。老板听后不以为然，仍坚持自己的决定，并宣布将按销售额给推销人员分红。在降价后一个月左右的时间内，销售量果然大增，有关人员也得到了可观的分红奖励。但随后销售便直线下降，原因正是售后服务跟不上，用户纷纷投诉，甚至写信向媒体投诉。

他们的竞争对手趁机推出新型产品，广布服务网点并承诺如果售出的产品有问题，维修人员会在24小时内到场解决。结果这个企业的市场份额被竞争对手夺去了大半。

可见老板是只奖励那些顺从听话的下属，而忽视那些有真知灼见、持不同意见的下属，给企业带来的危害甚至可能是致命的。以上的例子还说明，人们会积极去做受到奖励的事情而不考虑是否是正确的。因此，老板们千万不要把奖励问题当成一件小事。从这个意义上来说，把正确的奖励视为最重要的领导原则并不为过。

在企业的办公室和车间里常常可以看到这样一些下属，他们往往提前半小时上班，而过了下班时间，他们看上去还在那里工作。老板看到这种情况真是喜上眉梢，因此，一有机会，就会优先提拔这些下属。可是如果仔细观察一下，就会发现这些下属在上班的时候可能并不是紧张地工作。当老板不在的时候，看报，聊天，甚至干私活。一旦老板出现，他们立即看上去在一本正经地工作。这在有些企业已经形成一种风气。而另一些下属，一般总是按时上下班，并且工作起来效率高，一方面是精神集中，另一方面是巧干，最后总能较好地完成任务。但是往往下班时间老板来巡视时，他们已经离开了。老板这时只看到了那些仍然在岗位上工作的人，对已经走的人心生不满，当然也就更谈不上奖励他们了。这种现象应当引起老板的深思。一位专家说过："如果你不能在八小时工作时间内完成你的工作，那么不是你被分配太多的工作，就是你的能力不够。"

中国古人早就发现：上有所好，下必甚之。楚王好细腰，国中多饿死。作为一个管理者，不论是古代的君王、官吏，还是今天的总裁、经理，你奖励什么，惩罚什么，无疑就是向人昭示你的价值标准。你的下属，或者认同你的价值标准，努力做你希望他做的事，成为你所希望他成为的那种人；或者不接受你的价值标准，离开你的企业；或者就是阳奉阴违，投机取巧。

作为一个管理者，建立自己正确的即符合企业、组织根本利益的，明确的即不是模棱两可、摇摆不定的价值标准，并通过奖罚手段的具体实施，明白无误地表现出来，应该是领导工作的头等大事。

要求人们做出什么行为，与其仅仅停留在希望、要求上，不如对这种行为作出明明白白的奖励来得有效。

作为管理者，应当牢记以下几点：

奖励彻底地解决问题，而不是仅仅采取了应急措施；

奖励冒险，而不是躲避风险；

奖励实用的创造，而不是盲从；

奖励决定性的行动，而不是无用的分析；

奖励出色的工作，而不是忙忙碌碌的行为；

奖励高质量的工作，而不是快速地工作；

奖励简化，反对不必要的复杂化；

奖励无声的有效行动，反对哗众取宠；

奖励忠诚，反对背叛；

奖励合作，反对内讧。

不光奖赏，还要惩罚

追求快乐、逃避痛苦是人最基本的动力之源。鉴于此，领导制度的设计也分别引入了奖励和惩罚两种手段。奖励是一种激励性力量，惩罚是一种约束性力量，在奖励和惩罚之间的地带，是管理者纵情驰骋的空间。但是，在近来人性化领导大兴其道的影响下，很多管理者十分重视运用奖励制度，冷落了惩罚制度。具体表现在相对于奖励制度，惩罚制度的数量、方式和力度都有所减少，甚至有的惩罚制度竟变成了一纸空文，根本得不到执行。这种主动放弃惩罚的做法无疑是一剂毒药，日积月累后，其危害不容小视。

某保险公司在年终时距离完成年度任务指标还有不小差距。为了完成任务，总经理下令，不但给一线的业务员施加压力，而且要求所有的内勤办公人员在做好本职工作的同时，每个人都要承担一定的业务指标，并且规定了每个人必须完成的指标下限。为保证落实，总经理还制定了奖惩措施，对超额完成任务的人员视额度予以丰厚的奖励，对不能完成任务下限的下属，则要给予惩罚。最后，该公司"冲刺"成功，如期完成了任务。从整个情况来看，部分有能力的下属超额完成了任务，有的业绩还很不错。而很大一部分下属则在压力下仅仅完成了任务下限。还有一部分下属，由于种种原因，没能完成任务。少数几个下属甚至根本就没有采取任何行动，他们的业绩是"白板"。

总经理知道，如果不兑现奖励，一定会招致下属的不满，虽然这一块例外奖励的支出大大增加了公司的运营成本，但他还是论功行赏，按照事先制定的标准一一兑现了奖励。至于那些没完成任务的下属，总经理认为这毕竟不是大多数人，况且现在公司的总体目标已经完成了，从与人为善的角度出发，没有必要和下属过不去了，事先制定的惩罚措施就这样不了了之了。

这位总经理不想跟下属过不去，他的一部分下属却跟他过不去了。在这个案例中，超额完成任务而得到奖励的下属和未完成任务却逃过惩罚的下属都很高兴。但是大部分正好完成任务指标的下属却不高兴了。他们在公司的高压政策之下付出很多努力，克服很多困难才勉强完成了任务。但是他们的回报竟然和那些不思进取、偷奸耍滑者并无二致。许多人虽然不敢明着去向总经理提意见，却暗自做了决定，今后再有同类事情，一定要向这些未完成任务的同事学习。蒙在鼓里的总经理不知道，由于他的一个所谓"人性化"的领导失误，在他的公司中，惩罚措施作为一种约束性力量已经在无形中失效了。而且，这种影响作为一种强烈的信号，即不完成者不受惩罚，将会在很长的一段时间内对组织产生负面作用。

事实上，这与管理者的奖惩观有关。许多管理者把奖励当成惩罚的对立面。上述案例中的总经理就是如此，在他的心目中，对未完成任务者不施加处罚，等同于不奖励。其实不然，奖励的反义词不是惩罚，而是不奖励。同样，惩罚的反义词是不惩罚。奖惩制度的层级应该是这样的：惩罚、不惩罚；不奖励、奖励。换句话说，奖励和惩罚都是相对的，该奖励时不奖励，就相当于惩罚，即隐性惩罚，而该惩罚时不惩罚就相当于奖励，即隐性奖励。管理者一般能看到显性的奖励和惩罚，却看不到隐性的奖励和惩罚。上面这个案例中的总经理正是在无形中"奖励"了偷懒耍滑的下属，从而引起了努力工作的下属的不满。

失意的要多激励，有能力的要奖励

北风和南风比威力，看谁能把行人身上的大衣脱掉。北风首先刮起了一股凛冽刺骨的寒风，想把行人的大衣吹掉，结果行人反而把大衣裹得更紧。南风则徐徐吹动，顿时风和日丽，行人感到很暖和，于是解开纽扣，继而脱掉大衣，南风获得了胜利。

这是著名的"南风法则"。它说明了一个道理：温暖胜于严寒。从管理学的角度来看，南风就是正面的激励，激发下属的积极性，是诱导。北风则是批评，是惩戒。从南风法则我们知道，正面的激励更加有效。

人都有悲观或者失落的时候，当下属处在这个阶段时，他的心是极其敏感的。如果这时候给予其适当的安慰，这要比在他得意时为他锦上添花更能让他记住你。患难方见真情。

小赵是一名职场新人，平时少言寡语，不太与人交谈，总是坐在自己的电脑桌前。公司开会时，他也不发言，只表示大家都说得比较好，自己应该学习。

小赵有个女领导，心思非常敏锐，对下属非常关心。当她发现小赵跟同事有些疏远时，就默默地关注他。她发现小赵的能力很全面，只是不太自信。于是她找到小赵，以加班太晚，请他吃饭为由，找个机会跟他聊天。谈话中，她了解到，小赵在学校里曾是个风云人物，学生会主席一职已经足够说明他的能力。可是不知道为什么，进入到企业后，他突然觉得自己什么都不会了。

这位女领导跟他说："学生会主席也不是一天当上的。你现在在职场顶多算个大一新生，初生牛犊不怕虎，甩掉你学生会主席的包袱，敢说敢做，我相信你一定行的。"

小赵听后非常宽慰，想想自己就是因为怕人家说他学生会主席不过如此，才变得畏畏缩缩，放不开手脚。听了领导的这些话，他心情好了很多，同时下定决心一定要干出点成绩来。

像小赵的领导一样，当下属在工作、生活、情感失意时，领导及时的安慰和激励能够使下属的心理产生积极的影响。这种积极的影响会让他们对工作和生活有信心，充满希望。

不仅在下属失意的时候要激励，对有能力的下属时也要激励。这里的激励就是要多施恩于他。这看似完全不同的行为，却有共同的目的：培养下属。一个会培养下属的领导才是一个好领导。

有些领导用人的习惯是：拿来主义。招聘第一天就筹划着他能为你带来什么直接利益。简单来讲，就是只招"马上能用"的人。其实这是一种不负责任的"快餐管理"，这种管理会让公司人员的流动性增大。频频换人，频频弃用，公司的长效机制就成为空谈。

只有善于培养下属的领导，才是一个真正懂得管理的领导。如果把公司比作一个"木桶"，失意的下属就是那个短板，他可能暂时跟不上公司的节奏，而有能力的、得意的下属则是那个长板，他会拉着公司往前走。一个善于培养下属、留住下属的好领导要做的是：激励短板让他成长，施恩于长板，把他留住。

领导的激励和恩惠都是对下属的认可，激励是对他潜在能力的认可，而恩惠是对他现在工作的认可。人有失意时，也有得意处，每个下属都身处不同的处境。针对不同的下属，进行不同的情感投资，让他们在不断地成长和进步的同时围绕在你的身边。

那么，具体激励失意下属、施恩有能力的下属时，领导需要注意哪些细节呢？

1. 激励失意的下属不能太简单

"坚强点，你行的。"这句简单的话是完全起不到任何作用的。应该是要设身处地地"悲伤着他的悲伤"，也就是要真正理解他的苦恼，理解他的处境，倾听并且给予建议。从他的角度出发，换位思考最重要。

2. 想方设法留住人才

对有能力的下属施惠的方法有很多种,可以是简单的奖金,也可以是一种高职位的期许,甚至股票分红。只有让下属因为自己的利益离不开你,同时也不想离开你时,你才能算得上真正留住了人才。

3. 行动比语言要有说服力

凡事只会说不去做的领导,最让下属生厌。就如同跟一个小孩说,你听话我就给你糖吃,结果孩子表现得很听话,大人却把糖放在了自己的嘴里。这是一种欺骗行为,领导绝不能跟下属玩"狼来了"的游戏。

弘一法师曾在《改过实验谈》中认为:人生在世,多行救济事,则彼之感我,中怀倾倒,浸入肝脾。何幸而得人心如此哉!简单来讲,做人最大的学问就是彼之感我。让他人感谢自己,然后方得人心。管理者要想真正猎获下属的心,就要让其对自己产生感激之情,这样他才能死心塌地地为你工作。

有反馈的奖惩才能使下属接受

一个有16年工龄的下属在公司重组时被解雇了,原因是他"工作不合格"。但是自他加入公司以来,每一年的业绩考核结果都表明他的工作是符合要求的,因此,这位下属感到不平,不理解为什么自己会由于"工作不合格"而被解雇,于是,他起诉了原公司。

法庭进行了大量细致的调查,证明这个下属在相当长的一段时间内,工作一直达不到标准水平。然而,因为每个经理都急于摆脱他,想把他转到其他部门,为了使不知底细的其他部门经理愿意接收他,就给了他一个"达到标准"的工作评价。

在法官面前,这位下属陈述说,经理没有如实地指出他的缺点,也就等于剥夺了他改正自己错误的机会。结果这个下属打赢了这场官司,他原来的公司被迫全额补发了他的工资,而且还另外支付了一大笔赔偿金,来弥补"他的痛苦和精神压力"。

因为没有作出诚实的反馈,该公司付出了沉重的代价,所以,在进行反馈的时候,一定要实事求是,把真实的情况告知给下属。虚假现象和欺骗行为会误导下属,其结果如同搬石头砸自己的脚。

在这方面,有的管理者做得就很好。例如下面的谈话:

"小王,我对你的工作态度不满意。前天开下属会议时,你迟到了半个小时,而且还告诉我,你还没看过我们正在讨论的报告;昨天,你又说家里有事,提前1小时就下班走了……"

"老张,你对我们的客户科尔公司所做的工作让我很满意。上个月他们在我们公司的订货总额提高了20%;几天前,我接到科尔公司负责人丹菲利普先生打来的电话,称赞你对于产品规格和性能非常熟悉……"

正是因为这位经理针对具体行为进行了反馈,小王不但心悦诚服地接受了批评,而且很快就改进了这些缺点,而老张也继续保持了这些好的方面。相反，如果只是笼统地说："小王，你的工作态度很不好。""老张，你的出色工作给我留下了深刻的印象。"那效果就会大为逊色了。小王可能并没有意识到自己的不足，对你的话会感到摸不着头脑并感到精神紧张，而老张则可能会对经理的表扬不以为然，缺少那种现实的激励。没有反馈的奖罚相当于半途而废。反馈是奖罚最后的也是最重要的一个环节。如果奖罚永远是管理者的暗箱操作，那么，奖罚将因此失去下属的参与和信任，而且，奖罚作为一种评价，其激励的作用也大为萎缩，从而失去真正的价值。

总之，不论管理者进行奖励或者是处罚，有一点非常重要——根据下属的具体行为，明确指出他到底"错"在何处，而又"对"在哪里。

第七章

微管理关键词之七——激励

> 作为最高明的管理者,他自己不一定要多么优秀,但他一定会有一群优秀的下属,而这些下属通过他的领导能充分发挥潜力。这就一定需要管理者调动下属的工作积极性、懂得激励下属的技巧。

先明白激励的因素有哪些

管理者要激励下属，首先就必须弄清楚哪些因素能够真正起到激励作用。

在领导科学史上，美国的行为科学家弗雷德里克·赫茨伯格提出的激励因素——保健因素理论是值得管理者认真学习的。这一理论又叫双因素理论。

20世纪50年代末期，赫茨伯格和他的助手们在美国匹兹堡地区对200名工程师、会计师进行了调查访问。访问主要围绕两个问题：在工作中，哪些事项是让他们感到满意的，并估计这种积极情绪持续了多长时间；又有哪些事项是让他们感到不满意的，并估计这种消极情绪持续了多长时间。赫茨伯格发现，使职工感到满意的都是属于工作本身或工作内容方面的；使职工感到不满的都是属于工作环境或工作关系方面的。他把前者叫做激励因素，后者叫做保健因素。

保健因素的满足对职工产生的效果类似于卫生保健对身体健康所起的作用。保健从人的环境中消除有害于健康的事物，它不能直接提高健康水平，但有预防疾病的效果；它不是治疗性的，而是预防性的。保健因素包括公司政策、领导措施、监督、人际关系、物质工作条件、工资、福利等。

那些能带来积极态度、满意和激励作用的因素就叫做"激励因素"。这是那些能满足个人自我实现需要的因素，包括：成就、赏识、挑战性的工作、增加的工作责任，以及成长和发展的机会。如果这些因素具备了，就能对人们产生更大的激励。

赫茨伯格和他的助手们又对各种专业性和非专业性的工业组织进行了多次调查。他们发现，由于调查对象和条件的不同，各种因素的归属有些差别，但总的来看，激励因素基本上都是属于工作本身或工作内容的，保健因素基本都是属于工作环境和工作关系的。

适当减轻下属的压力

管理者要激励下属必须首先减轻下属的压力，而要减轻下属的压力就必须首先了解下属的压力及其来源。

联合国国际劳工组织发表的一份调查报告认为："心理压抑将成为21世纪最严重的健康问题之一。"众多管理者已日益关注工作情景中的下属压力及其领导问题。因为工作中过度的压力会使下属个人和企业都蒙受巨大的损失。据美国一些研究者调查，每年因下属心理压抑给美国公司造成的经济损失高达3050亿美元，超过500家大公司税后利润的5倍。

所谓压力，是指个体对某一没有足够能力应对的重要情景的情绪与生理紧张反应。企业管理者应敏感地觉察、注意到自己及下属身上的种种压力信号，综合考察各方面的压力源，若发现确实存在过度压力，则应及时采取缓解压力等措施以达到防微杜渐。

企业管理者必须弄清楚导致下属压力的起因即压力源。压力源从形式上可分为工作压力源、生活压力源和社会压力源三种。

首先是工作压力源。引起工作压力的因素主要有：工作特性、下属在组织中的角色、事业生涯开发、人际关系、工作与家庭的冲突和组织变革等等。

其次是生活压力源。美国著名精神病学家赫姆斯列出了43种生活危机事件，按对压力的影响程度可分为：配偶死亡、离婚、夫妻分居、拘禁、家庭成员死亡、外伤或生病、结婚、解雇、复婚、退休等。可见，生活中的每一件事情都可能会成为生活压力源。管理者必须关心下属的生活，及时排解下属生活上的过度压力。

最后是社会压力源。每位下属都是社会的一员，自然会感受到社会的压力。社会压力源诸如社会地位、经济实力、生活条件、财务问题、住房问题等。管理者需要为下属提供一种归属感和安全保障，以排解社会压力。

让下属更敬业的五个技巧

管理者激励下属，让下属更加敬业，需要从以下五个方面努力：

1. 规划下属的职业生涯发展

为每一个下属规划职业生涯，让每一个下属都看到自己的成长方向和成长空间，从而调动下属的积极性，是提高下属敬业度的最佳途径。在2003年中国最佳雇主UT斯达康公司，下属可以申请自己有兴趣并认为有能力胜任的空缺职位，而在同等条件下，公司会优先考虑内部下属的申请。这一制度使下属有机会从事自己感兴趣的工作，从而能有效地调动下属的积极性和主观能动性。

2. 以职业发展为导向的培训

通过有效培训提升下属的职业安全感和工作能力，开发下属潜能，这是人力资源领导的方向。在最佳雇主的公司中，下属所得到的平均培训时间达45小时，高于一般公司5个小时；最佳雇主在开发和培训下属方面的投资达5340元/人，一般公司只有2526元/人。

3. 公平公正的薪酬体系

影响下属敬业度的另外一个重要的潜在因素是现实的薪酬待遇。在下属看来，如果公司的薪酬和福利与行业中的其他公司相比较并不是很有竞争力的话，那么，下属之所以会在公司工作，可能是因为他们看好公司其他方面的因素，如学习、培训机会和工作环境。但是随着他们工作能力的提升，他们一旦有机会找到待遇更好的工作的话，就很可能会跳槽。

4. 选拔和培养优秀的管理者

盖洛普通过调查20多万名经理和300多万名下属，发现优秀组织开发和释放下属的巨大能量的途径在于选拔和培养优秀的管理者。

5. 营造以人为本、追求卓越的企业文化

对下属来说，当工资标准达到一定程度后，薪酬对他们的激励作用就越来越小了，这时候，企业文化就显得越来越重要。

运用薪酬外激励的三种方法

管理者激励下属不仅可以通过薪酬来实现，而且可以通过一些薪酬外的手段来实现。以下是三种不增加薪酬的前提下所使用的激励方法。

1. 增加下属参与公司事务的机会

下属是企业的一线情报员，他们最清楚客户的需求和不满。他们的建议和意见会提高客户服务的质量，因此要努力增加下属参与公司事务的机会。下属参与公司事务不但可以为公司带来好的改善思路，而且还可以及时地发泄自己的不满，增强他们的成就感和归属感。比较重要的决策事务也可以选举下属代表参加，这样会避免决策的片面性。

2. 加强与下属的沟通

每个人都希望得到别人的理解，尤其是上级的理解。管理者要时刻注意下属的情绪变化，多与下属交流工作、生活等问题，及时帮助他们解决生活和工作中的问题。八小时之内与下属一起

研究工作思路，传授解决问题的方法，帮助他们提高效率；八小时之外多与下属交流生活和观点，使你成为他们的朋友。有时即便你无法解决他们的实际问题，但只要你让他们感受到你对他们的关心，下属也会对你心存感激。与下属沟通会增强下属对企业的安全感和归属感。

3. 给下属更大的责任和权利

下属一般都希望在企业获得更大的发展空间，来体现自己的个人价值。每个人都觉得自己能做更大的事情，这不单是物质回报的需要，也是心理回报的需要。对于比较积极的下属，要赋予他们更多的责任和权利，让他们从自己的工作中获得乐趣，否则会影响他们的工作热情，严重者会导致有能力的下属另谋高就。

积极参加聚会，与下属互敬为友

有人把领导和下属的关系简单定义为猫和老鼠的关系，这是有失偏颇的。最理想的工作关系应当是相互扶持、相互理解、彼此信任的。有下属说："别妄想和领导成为朋友，因为根本不可能。"什么不可能？多半原因是在领导身上。

很多领导知道亲和力重要，也想培养与下属之间良好的感情，但是疑惑就在于难以把握恰当的亲和力。要做到既具备亲和力又不失威信力，可谓难上加难。其实，亲和力往往是在平时的沟通中逐步建立，而威信力则是在一些工作突发事件中体现的。

现代人的工作压力非常大，有时会把工作情绪在私下里发泄。几个同事骂骂领导、说说公司是常有的事。这在一定程度上也许缓解了他们的压力，但是问题仍然得不到解决。领导如果非常有亲和力，能够倾听下属的心声，把上下级关系和朋友关系很好地进行衔接，这看似水火不容的关系，经过碰撞后能使下属快乐地工作，也会使你的工作开展得更加有效率。但是如何培养亲和力？下面这位领导犯难了。

张志是一名"空降兵"，一开始在这个公司当领导就感到不适应。往往前一秒大家还在办公室内有说有笑，他一踏入办公室后大家立刻转身工作。

对此，张志有着一肚子的委屈。"我虽然是他们的领导，但是我们之间的关系还是平等的，只是工作岗位有所不同而已。"张志百思不得其解，他表示自己还是很愿意同下属建立良好的朋友关系的。

不但如此，张志感到自己的下属对自己好像更多的是"怕"。他的每个想法都能顺利执行，大家对他的工作从来不提出异议，总是无条件地贯彻执行。他很苦恼，害怕这种状态不仅影响人际关系，而且会使工作出现问题。

张志遇到的问题是很多管理者都苦恼的事情。张志应该怎么打破这种僵局呢？亲和力到底怎么培养呢？培养亲和力的方式有很多，比较有效的方法就是：多参加下属聚会，也可以主动出击，组织部门的休闲活动。聚会中多倾听，如果有下属生活中遇到困难，一定要给予切实的安慰和帮助。爱默生曾经说过："要想有朋友，必须自己先够朋友。"工作之外见真情，只要你是真诚的，

第七章 微管理关键词之七——激励

并且肯用心，也就能自然而然地建立起彼此的信任。

中国是个人情社会，领导和下属之间关系融洽了，自然会增强信任感，开展起工作来，下属的积极性也会倍增。但是这里要提醒管理者，与下属交朋友要把握好以下几点：

一是要公私分明。工作是工作，感情是感情，不能把两者搅和在一起。不能任人唯亲，应该以客观的工作业绩去判断人，也不要包庇下属所犯的错误。因为你的包庇会使他停滞不前，最后会犯更多的错误。

二是要把握好距离。不能整天黏在一起，要保持适当的距离，给彼此一个独立的空间。如果离得太近，思维和观点会逐渐趋同，不利于开展工作。此外，离得太近也有可能引起争端，与最初的目的背道而驰了。

三是一视同仁最重要。对大家要公平，不能让其他下属说领导偏心或者起冲突，这样不利于工作的开展。

四是不能泄露工作机密。有的领导对某个下属充分信任，便会透露一些公司高层的核心机密，似乎这就表示把其当自己人。曾经有一个公司的高层得到上面老板的信息，要裁员，于是他告诉了自己的下属，下属又告诉了其他同事，结果全公司都知道这个事情了。老板很生气，一下裁掉了这个高层。

建立亲和形象最简单也是最有效的方法是：和下属真心地交朋友。了解他们，倾听他们。这不仅是一种情感上的沟通，同时也是对工作压力的一种缓压方式。缓解下属对你的恐惧，也缓解你对于下属的无力感。

正确的目标能激发人的斗志

人的需要决定了人们行动的目标。当人们有意识地明确了自己的行动目标,并把自己的行动和目标不断加以对照,知道自己前进的速度和不断缩小达到目标的距离时,他行动的积极性就会持续高涨。司马迁发愤写《史记》,就是目标——《史记》鼓励的结果,只不过他自身并没有认识到罢了。一个万米赛跑运动员,当人们告诉他只有1000米,再加把劲就可夺得金牌时,即使他身体的某些部位在疼痛,他也会信心百倍,加快速度完成最后的冲刺。

那么,管理者如何通过目标激励下属完成任务呢?

目标是能激发和满足人的需要的外在物。目标领导是领导工作最主要的内容,目标激励是实施目标领导的重要手段。设置适当的目标,能激发人的主动性,调动人的积极性。目标既可以是外在的实体对象,也可以是内在的精神对象。

一般来讲,目标的价值越大,社会意义就越大,目标也就越能激动人心,激励作用也就越强。

因此,管理者要善于设置正确、恰当的总目标和若干个阶段性目标,以激发人的积极性。设置总目标可使下级的工作感到有方向,但达到总目标是一个长期、复杂甚至曲折的过程,如果仅仅有总目标,只会使人感到目标遥远和渺茫,可望而不可及,从而影响积极性的充分发挥。因此,还要设置若干恰当的阶段性目标,采取"大目标,小步子"的办法,把总目标分解为若干经过努力都可实现的阶段性目标,通过逐个实现这些阶段性目标而达到大目标的实现,这才有利于激发人们的积极性。管理者要善于把近景目标和长远目标结合起来,持续地调动下属的积极性,并把这种积极性维持在较高的水平上。

在目标制定、分解时,目标的难度以中等为宜,目标的难度太大,容易失去信心;目标的难度过小,又激发不出应有的干劲。只有"跳一跳,够得着"的目标,积极性才是最高的。因为这样的目标满足个人需求的价值最大。

管理者在制定目标的时候,除了上述问题外,还应注意:

第一,目标必须是明确的。要干什么,达到什么程度,都要清清楚楚。

第二,目标必须是具体的。用什么办法去达到,什么时候达到,要明明白白。

第三,目标必须是实在的。看得见,摸得着,达到应该有检验的尺度。

所以,管理者不但要为下级树立远大的理想,而且要学会把这个理想和实实在在的工作结合起来,一步一个脚印地前进。

利用下属的好胜心

艾尔·史密斯曾任美国纽约州州长,他曾经成功地使用好胜心而创造了一个奇迹。

一次，史密斯需要一位强有力的铁腕人物去领导魔鬼岛以西最臭名昭著的辛辛监狱，那里缺一名看守长。这可是件棘手的事。

经过几番斟酌，史密斯选定了新汉普顿的刘易斯·劳斯。

"去领导辛辛监狱怎么样？"史密斯轻松地问被召见的劳斯，"那里需要一个有经验的人去做看守长。"

劳斯大吃一惊。他知道这项任务的艰巨。他不得不考虑自己的前途，考虑这是否值得冒险。

史密斯见他犹豫不决，便往椅背上一靠笑道：

"害怕了？年轻人，我不怪你，这本就是个困难的岗位，它需要一个重要人物来挑起担子干下去！"

这句话挑起了劳斯的好胜心，他最终接受了挑战，并在辛辛监狱待了下去。后来，劳斯对监狱进行了改革，帮助罪犯重新做人，成了当时最负盛名的看守长，他创造了奇迹。

这奇迹本身也可说是史密斯巧妙利用了好胜心，激发下属的潜能而创造的。

一位成功的管理者应善于使用好胜心，因为这确实是振奋人们精神，接受挑战的可靠办法。

好胜与挑战是人之天性。对于许多工作，只要你善于激励，他们一定会以最大的热情去干，并干好这些工作。

管理者要使工作圆满完成，就必须形成竞争，激起人们超越他人的欲望。

一个成功的领导应当经常"制怒"，不论什么时候都要保持冷静的头脑，不让一时冲动的感情扰乱理智。但从激励角度来说，管理者又应当学会"激怒",随时点燃下属的"心头之火",使自己的团队有高昂的斗志和良好的战斗力。

激发下属的奋进心

张政在一个规模不是很大的食品公司做销售主管已经四年了。在四年的销售工作中他一直勤勤恳恳,好学上进。每年他的销售业绩都是全公司第一名,是其他业务人员的榜样,深受老总的喜爱和赏识。可是一次他出差收公司的货款时,接到了家乡母亲的紧急电话,告诉他父亲不幸得了胃癌,急需手术,家里已经尽了全力,也凑不齐手术费,要他想办法筹钱救命。张政此时脑子一片空白,突如其来的不幸消息使这个遇事从未退缩的小伙子掉下了伤心的眼泪。他没来得及多想,狂奔到邮电局,从公司货款里拿出两万元寄回了家里,在汇款单上的留言处写下了:两万块为了救爸爸。

在回公司的路上,张政害怕了,作为销售主管的他,十分清楚公司严格的财务制度和铁的销售纪律。挪用公款是销售人员的大忌,轻则退赔开除,重则要绳之以法。四年销售工作中从未出过一分钱差错的他,不敢再往下想了,似乎已看到了一双冰冷的手铐摆在了他的面前。

在公司老总的办公桌上,摆着剩余货款和一张邮电局汇款收据,张政和老总足足谈了一个多小时,老总始终是一副冷峻的脸,最后老总说:"你先休息一下,叫刘助理通知销售部全体人员,一小时后开紧急会议。"张政心里想：这一下肯定完蛋了。

当全体销售人员坐在公司会议室时，会场鸦雀无声，老总在会上重申了公司严格的销售纪律和财务制度之后，向张政表示深深的歉意。老总检讨自己对下属的关心不够，并告诉大家张主管家里出了大事，自己拿出两万块钱借给张政，并让张政签了借条并写明从每月工资里归还的具体金额。这下由挪用公款变成了老总和张政私人之间的债权债务的关系，公司的货款分文未少，交到了公司的财务科。在企业工作四年之久的张政，被老总这种宽容的处世方法深深打动。

第二天，销售部办公室贴出了两份新的公告。一份是《某某总经理向张政的致歉信》，大致内容是由于老总对下属的关心不够，导致张政同志在很急的情况下挪用了公款，主要责任应由老总承担，并向张政和全体销售人员道歉，并希望大家能够吸取教训，不能再出这种事情。另一份是《销售部门新增加三条措施的规定》，第一条，从即日起，每月的销售工作汇报不仅是产品的销量、客户的领导、市场信息等情况的汇报与总结，特别增加重要的一项，就是销售人员自己本身的情况，包括父母亲的生活状况、身体状况，结过婚的人还要包括他们夫妻之间和子女情况的汇报。第二条，从老总开始，每个人每个月按照一定比例，从工资中拿出一定数额的钱，建立一个"爱心"互爱互助基金会，以应对销售人员本身或家庭的突发事情。基金会的会长由销售人员自己选定，老总只是一名会员而已。基金的支出需要向大家完全公开。第三条，如果有人因各种原因离开公司，可以按比例取走相应部分的钱。整个销售部的全体人员被老总的做法所感动，其中有一位销售人员说:"我们公司不大,产品也不是很畅销,但是我们有可信的公司做依靠,有'爱心'基金做保障,我们没后顾之忧,大家团结一致、全身心地投入市场一线去拼搏。"张政留下了,销售人员的心更齐了。

现实中,很多领导总是习惯于对自己的错误采取一种极其宽容的态度,每每自己犯错时,他总会以失败是成功之母聊以自慰;而对于下属的错误,往往又会是另一副嘴脸,"我们追求完美!我们不允许失败!"孩子们都是通过不断地摔跟头才最终学会走路的,又都是经过说错话才学会说话的。通向成功的路上一定会布满荆棘,不犯错就达到成功的路是没有的。

用真情打动下属的心

有时候,人们常常会遇上这样一种人:我行我素,独来独往,好像对一切事都漠不关心,对人也是冷若冰霜。尽管见面时客客气气地与你寒暄打招呼,但随后又恢复常态,对什么都无所谓,好像他永远不会有你所期待的反应。

和这种人打交道,总是让人不自在、不舒服。如果是同事,你可以和他若即若离,不冷不淡。可是,作为他的经理,出于工作上的需要,你必须与他经常来往,他的冷若冰霜肯定会让你感觉不舒服。这时,你该怎么办?怎样做才能使他愿意同你沟通,并提高他的工作热情呢?

某企业分配来一名大学生。因为这家企业是一个小型科研机构,最近几年人才外流严重,而吸收进来的人才几乎为零,终于有大学生愿意到这安家落户了,而且,据说他还是名牌大学的高材生。大家都为他感到高兴。可是,没几天,大家对他的看法来了个180度的大转弯。他总是上班一个人来,下班一个人走。无论是谁都没见过他的笑脸,无论对谁他都是一样的表情,而且大家很难听到他的声音。于是,同事们都觉得他是在摆架子,认为他自己是名牌大学生到这儿来就是权威,谁也不服。

渐渐地,同事们对他开始有意疏远。而他呢,还是看不出有什么变化,依然和从前一样,我行我素。

这一切都被这名大学生所在科室的科长看在眼里。科长为人忠实、厚道,深得同事们的拥护。凭直觉,科长觉得这名大学生的心里一定有什么说不出或不愿说的痛楚,才造成今天这种局面。于是,科长处处留意观察他。每天上班时,虽然同事们对他视若不见,没有人愿意同他打招呼,但科长总是热情地问他:"哎,小伙子,今天很帅呀。"而他总不置可否,面无表情地冲科长点下头。每次下班,科长也不忘问他一句:"怎么样,晚上有什么活动?"而他依旧是那副冰冷的表情,依然是沉默无语。

就这样日子一天天地过去了。科长每天都在寻找一切可以和他接近的机会,每时每刻都在想办法融化他心中的那块坚冰。渐渐地,大学生开始愿意同科长说话了。虽然话不多,但科长明白,他的工夫没有白费,他快要被感化了。

这一天是中秋节。下班后,科长叫住了他,诚恳地对他说:"过节了,你在这儿还是一个人,干脆上我家坐坐吧。"

他冲科长苦笑了一下,没有吭声。于是,科长赶紧搂着他的肩膀说："走吧，走吧，别客气。"就这样，科长连拉带拽地硬是把他带到自己的家里。

吃饭时，科长对他说："别客气，就把这当你家吧。"还不时地往他碗里夹菜。最后，小伙子被打动了，他感受到了科长长期以来对他的关心并不是做做样子给下属们看的。于是，他也向科长敞开了心扉，把他压在心底的苦水全倒了出来。

他原是一所名牌大学的高材生，可是，毕业分配的时候，因为种种原因，最终来到了这个小城。看着其他同学或留北京或下南方，都有不错的归宿，而自己却背井离乡地来到这里，而且，更重要的是他相恋多年的女友也离开了他。于是，他觉得这个世界对他很不公平，为什么他的天空总是灰色的？从此，他开始变了，变得沉默寡言，对任何事情、任何人都丝毫没有兴趣，有时候，他甚至问自己：在这个世界上究竟有什么值得自己留恋的？

听完他的倾诉，老科长拍拍他的肩膀，语重心长地说："你错了，生活并没有对你不公平，虽然你没有留在大城市，可是，凭你的才干，在这个小城市更利于你的成长。你可以在这里很容易就脱颖而出。等到你有了一定的基础，再想向外发展，出去闯荡岂不是更容易吗？为什么不好好利用你现在的机会呢？失恋对你来说是个打击，但你就一辈子躺在这个阴影下面不出来吗？你可以不善待你自己，但你必须善待别人，尤其是你的同事，他们对你没做过什么吧，你为什么要把你的不快强加在他们身上呢？"

经过科长一番耐人寻味的教导，他茅塞顿开：是啊，我已经浪费了那么多的时间，还能再浪费吗？从此，大家看到了一名真正的、充满青春活力的大学生。

如果按照一般人的思路，一个人怎样待你，你就会用同样的方式对待他。但是如果那位科长也以冷淡的方式对待那位大学生的话，也许一个人才就这样浪费掉了。

尽管有些人看起来很死板，兴趣和爱好都很少，也不愿意和别人沟通。但作为一名管理者，不能拿普通人的眼光来看待他。你要尽可能地关怀他，注意他的一举一动，从他的言行中找出他真正关心的事情来。这样，他可能会一改往常的那种死板，而变得热情起来。

尊重下属的建议

雷诺公司是专为核动力潜艇生产噪声降低设备的，公司的信誉有口皆碑。但在一次订货合同中，由于各种原因，工程进度大大慢于预想的要求，如果继续让这种情况持续下去，公司将不能如期履行合同，此后果的直接经济损失将是8亿美元。公司领导亲自来到施工现场，督促全公司上万名下属加快施工进度。经过一年的努力，公司终于弥补了丧失的时间，并按期交送买方第一批订货。随后到手的3亿美元缓解了公司紧张的财务状况，公司上下都为此松了一口气。当完成第二批订货的时候，公司技术部对仓库中即将装运的设备进行了最后一次预检，结果大出所料。技术人员发现有一件设备的主机动力线被剪断了，如果就此安装到核潜艇的核反应堆上，超标准的排水水温会使核反应堆的核材料达到临界状态，在一秒钟内就会因连锁聚合核反应带来大爆炸，其后果是不堪设想的。技术部立即封存了这批订货,并将情况详细地向公司总裁作了汇报。对于这样的事故,常规处理方法是将设备转移到安全地区予以全部拆毁。但如果这样做,不仅失去抓获嫌疑犯的线索,而且公司数十年的金字招牌就有可能被砸得粉碎,"雷诺"将永无抬头之日。

总裁决定召集全公司职员,把问题公之于众,谋求最完善的解决办法,并且时间只有2天。上万名下属来到装配车间,总裁向他们说明了公司面临的危机,"伙计们,如果我们不能顺利渡过这场劫难,不只你们,还包括我,全都会流落街头,到贫民窟去寻找我们的立足点。这个棘手的问题关系到公司上万名下属的共同利益,我没有权力独自做出决定,所以把你们召集起来,就是要寻求一个两全其美的办法,保住公司的信誉,保住你我的饭碗。好了,大家努力吧,上帝赐福我们。"

总经理立即成立了几个机动小组,分别负责问题的几个关键环节。他们花了5个小时,明确了事故责任的归属问题,这涉及到具体任务执行人员和他们的直接授权人。又花了3个小时,找出了每个环节的责任人。

在这次危机事件的处理上,管理者把处理问题的权力下放,让每一名职员有机会提出自己的意见和建议,它的适用性和价值会超过董事会对此做出的决定。据事后统计,在危机处理过程中,关于各环节问题由下属提出的成功行动计划超过了15000个,这是集体智慧的结晶、团体协作的积极效果。

从领导角度讲,管理者应该为下属创造一个宽松的环境,它包括物质环境和心理环境两部分。心理环境的建设是管理者容易忽视的部分，而这部分内容对下属是否能够出色地完成任务，是否能够从工作中得到满足起着关键的作用。作为一个优秀的管理者，应该对下属表现出信任，并且重视下属的建议，尊重下属的工作过程，不随意干涉具体工作。另外，还需要对下属不断地鼓励和赞扬，以提高工作士气。正如美国领导学家杜拉克所指出的，要调动工人的积极性，重要的是使职工能发现自己所从事的工作的乐趣和价值，能从工作的完成中享受到一种满足感。这样，职工个人的目标和欲望达到了，整个企业的目标也同时达到了。

第八章

微管理关键词之八——适度

表扬与批评是领导最常用到的奖惩方式,如何把握表扬与批评的分寸与尺度直接影响到奖惩的最终效果。所以,想要管理好自己的下属,需要掌握好一个批评与表扬的度。

表扬的三种方式需要你了解

表扬是管理者调动下属的积极性、激励下属的工作热情,以实行工作目标的重要手段,在领导工作中具有非常重要的作用。

表扬下属的某种行为不仅能鼓励被表扬者个人,同时也是向企业或部门的全体人员表明,管理者在提倡什么,不提倡什么,使大家看到学习的榜样,起到见贤思齐的作用,激发他们积极向上的精神。

表扬的方式很多,主要有以下几种:

1. 个别表扬

管理者在同下属见面时,对他的进步、优点和成绩,当面称赞几句,便能起到一定的鼓励作用。他就会感到经理是了解他的工作的,自己的努力没有白搭,从而保持以至发挥更大的积极性。

个别表扬在具体形式上对不同的下属应有所不同。如对年轻人,在语气上可稍带夸奖的意味;对有威望的长者,在语气上则应带有敬重的意味;对反应敏捷的人,只要三言两语甚至稍有暗示,他就能感觉到了;而对于疑心大的人,则应该把话说清楚,以避免产生误解。

个别表扬这种方式具有很大的灵活性,可以随时随地地进行,表扬的面也宽。但它在使被表扬者增强荣誉感和对其他人的激励作用上则不如当众表扬有力。

2. 当众表扬

这是最经常、最有效的表扬形式。由于它是当着众人的面进行的,并且对被表扬者的优点、成绩作出明确地说明、表述和评价,因而它的激励作用就更大些。它不仅是对被表扬者的肯定和鼓励,也是对其他人的教育和号召。

当众表扬的具体形式有:在日常工作例会上进行表扬;作为工作总结内容的一部分,在阶段性或专题性总结工作时进行表扬;专门召开表彰会议,对一些带有方向性的先进事迹和优异成绩进行表扬。后面这种形式具有极大的严肃性,是将被表扬者作为一定时期内的标兵和大家学习的榜样宣示于众的;有时受到这种表扬还要记载在一个人的历史档案上,因而它能极大地增强被表扬者的光荣感和自豪感,从而激发其更大、更持久的积极性。

3. 间接表扬

即在当事人不在场时,背后进行表扬。这种方式的表扬不管是在什么会议或个别场合进行的,都能传达到被表扬者本人,起到表扬的作用。它会使被表扬者感到经理对他的表扬是真诚的,不是"当面说好话",所以常常起到某些当面表扬起不到的积极作用。

表扬的时候注意两点

表扬的激励效果大小不仅取决于内容和方式的选择，还取决于是否适度。适度表扬才会收到最佳效果。

适度表扬应做到以下两点：

1. 实事求是

古语说："誉人不溢美"。对被表扬者的优点和成绩，应恰如其分地如实反应，既不缩小，也不夸大，有几分成绩就说几分成绩，是什么样子就说什么样子，不能"事实不够笔上凑"，添枝加叶，任意修饰，人为美化，肆意拔高。不实事求是的表扬，于被表扬者无益，会使其感到内疚、被动；于其他人则会不服气，议论纷纷；于管理者本人则损害其威信。

实事求是地表扬下属，还要求在确定表扬对象时公平合理。表扬谁不表扬谁，应完全根据下属的实际表现，而不应受到管理者个人好恶与亲疏远近的影响。有的管理者为了立自己喜爱的人为"典型"，把别人的长处、事迹也记在这个人身上，这种"把粉全往一个人脸上擦"的做法必然是"高兴了一个人，冷落了一群人"，不仅典型立不住，而且会引起群众的不满，影响内部团结，被表扬者也会感到孤立。

2. 宁缺勿滥

管理者充分运用表扬手段，发现下属有了什么良好行为就及时表扬，使他能再接再厉，做出更大的成绩，也使大家感到新鲜，受到促进。如果时过境迁，人们印象已经淡漠，再提出表扬，效果就会差些。表扬要反复地、经常地进行，当上一次表扬的作用快要消失时，就要进行下一次表扬，以使表扬的作用长期保持下去，经久不衰地激励着人们的行动。但表扬又不能太滥。不能天天表扬，处处表扬，不能在没有什么值得表扬的良好行为时硬找点什么来表扬，不能搞"瓜菜代"。表扬太滥，会使人们丧失新鲜感、严肃感，被表扬者也不会增加多少光荣感，其他人也会不大在意，减弱其应有的激励作用。

给予下属一个超常的评价

人是需要激励的动物，特别是在自己作出了巨大的成绩时，总是希望有人能肯定自己，赞扬自己。

有人在辉煌之时没有得到充分认可和良好的评价而郁郁寡欢；有人在取得一定的成绩之后，更上一层楼，取得令人惊异的成绩。可见表扬、鼓励对一个人人生的发展是多么重要。

下属在成功之后，领导一方面要给予充分地肯定，同时有意拔高一点也未尝不可；另一方面要劝他认真地看待现实的成功，不懈地努力以取得更大的成绩，这样既使下属的心理满意，又起到了教育鼓励的作用。

领导在表扬下属时，如果下属做了一系列的工作才最后取得成功，领导就应抓住最关键的几点加以充分评价，这样领导手下的人才会认为领导对事情认识入木三分、洞若观火，敬重之情油然而生。

表扬之时还应注意的是态度要诚恳、感情要真实，要让下属感到这是领导面对自己成功的内心抒发。通常领导还要伴以必要的手势，如拍着下属的肩、牵着下属的手等，这会使下属从心底感到一阵暖流。但如果表扬不恰当，下属可能会认为领导有意讽刺和戏弄自己，从而对领导怀恨在心。

场合的选择对表扬的效果也不一样。人是希望被人看重的，他不仅想得到领导的重视，而且还希望得到同事的尊敬。如果领导在众人的场合下对成功的下属表扬一番，既满足了下属的虚荣心，从而达到激励的目的，而且还可以相应地促进其他人奋发进取。

有时还可夸大一点地对下属进行表扬。据心理学研究，只有当一个人的评价超过了他的成绩时，他才能感觉到那是一种荣誉。表扬与其取得的成绩恰好相合，往往认为这是理所应得的，而有意夸大一点则会使下属感受到自己存在的重大意义。

总的说来，对取得成功的下属以充分地表扬是其进一步开拓进取的动力，也是管理者充分发挥下属优点的关键。

把下属的每一个进步都看在眼里

事业之初，下属往往会感到艰难和孤独，在失意之时听不到一句鼓励的话语，成功时也没人向他们祝贺。在这个时候，如果

第八章 微管理关键词之八——适度

得到的即使是只言片语的表扬,那也是令人兴奋不已的,从而也就更加坚定了信心,努力把事情做好。

有些人以为,只有大的成功才有意义去表扬,小成绩无足轻重。其实这种理解是片面的,但没有考虑人的内心欲求,特别是在最初工作时的孤独与艰难。

当一个下属初次走上一个工作岗位时,他会对这里的环境很陌生,如果在做出一点小成绩时就得到了领导的表扬,那么他的信心一下就树立起来了。在这一方面,有个叫卡雷的人做得不错。

担任企业资源开发公司总经理的麦克斯·卡雷在1981年创立以亚特兰大为中心的销售和市场服务公司就曾经历过步履维艰的困窘。当时,他的手下只有一个临时雇员。按他的话说:"大的成功离我们太遥远。我们几乎感受不到任何激励。"他想出了一个决定:每次获得一个小成功都要自己庆贺一番。

卡雷出去买了一个警报器,还配了扩音器,这样就能发出救护车的声音。如果他在电话中宣传自己的产品时能绕过培训部主管,直接与那家公司的总经理通话,就要鸣笛庆贺一次;如果收到一大笔定货,警笛也会鸣响。如今,他的公司已拥有100多万美元的资产和11名雇员。每个星期,警笛声大的要在公司内回荡10次。每当知道有好消息时,大家都要出来听他们的同事对刚刚取得的成功吹嘘一番,这也为大家提供了互相交流的机会。卡雷说:"我们的雇员经验还不够丰富,无法取得巨大的成功,所以这种庆贺也是一种很大的鼓励。"正是用这些小进步来临时地表扬鼓励,使卡雷的公司取得了惊人的成绩。

请记住:要表扬每一个进步,不管这进步有多么微小。

批评贵在到位、及时

人有一种天性就是趋利避害，好的方面是人人都向往的，而不好的一面人们都避而远之。于是人们的心目中形成了这样一套逻辑：甜的就好，苦的不要；容易做的为好，难做的不好；表扬就好，批评就不好。殊不知："良药苦口利于病，忠言逆耳利于行。"每种事物都有自己的两面：表扬虽好，过了头则会使人丧失前进的斗志；批评虽难尽人情，但合理及时则会使一个人及时回头。批评者运用得当，其作用不可小视。

与表扬相比，批评并不容易为人所接受。但多次的表扬却比不过一次及时地批评。被批评的下属若最终理解领导的苦心，定会痛改前非，这是多次表扬所不及的。

但批评贵在及时到位，一发现错误就应马上批评并督促其改过。值得注意的是，首先批评必须到位，批评之前要找到人家犯错误的关键之所在，这样在批评时才能切中要害，使人信服；其次，批评必须及时，下属有可能有犯错误的倾向但还没有造成结果，领导就不应大肆批评，而应适当地提醒和指点即可；如果领导在事后的很长时间才批评下属，会使下属认为领导是在翻陈年老账，故意找岔儿，最终批评的效果也不会好。

批评主要在于指出下属的缺点，并让他们知过就改。就下属而言，能不断地知道自己的错误并战胜它们，是自己更上一层楼的关键。过重的批评可以废掉一个人，而适当地批评则会成就一个人。有时,你会碰到一些人,只有批评才对他们有用,而给予表扬如同杯水车薪,没有丝毫的作用。因此,用批评斥责来激励下属的干劲也不失为一种好的方法。

要斥责得有效果,其前提条件是:

领导要有培育人才的爱心。

领导抱着"定要矫正人的那种坏习惯"的强烈指导欲望。

另外,"斥责"不能与"发怒"混为一谈。斥责是一件令人难以启齿的事,但是为了对方好,不得不硬着头皮斥责,这是暂时抑制住情感,对下属有所忠告的行为。

发怒就不同了。它是愤激之下顶撞对方的失去理智的行为。斥责下属时,必须控制自己的感情,以免变成"怒责",这种自戒的功夫,无论是哪一个领导,都非有不可。

斥责想有效,有八个标准

要使"斥责"的行为保持指导下属的原来面目,你得留意下列八点。

1. 斥责之前,先使自己冷静

如果不先使自己冷静下来,斥责就会变为"怒骂"或是"愤怒"。

2. 理由充分明确

要让下属了解何以被斥责,只要斥责的理由明确而且合理,受斥责的人定会"心服口服"。

3. 勿伤自信

斥责的目的在于"育才",因此,必须考虑到"不伤及下属的自尊","不使下属的自信因而丧失殆尽"。例如,你应说:

"我相信你定能矫正这种习惯,所以才特地提醒你这件事。"

4. 使其反省

设法让下属能够"自动反省"。最高明的斥责方法是能叫下属在挨骂之后说:"这的确是我的过失,以后我一定改过来。"

5. 考虑到时间、场所、状况

斥责下属时,必须顾及他的面子,尽量在"一对一"的情况下冷静地斥责。

6. 气氛要开朗

斥责时要保持开朗的气氛。气氛变得暗淡,双方的心情都不会好到哪里。挨骂的下属一定更难过,甚至兴起抗拒心理,心中暗骂你:"哼,你尽管骂吧!才不是那么容易就被你驯服的货色哩。"

如此一来,斥责的功用未生,害处已出现,这一场斥骂不就等于毫无意义了?

7. 斥责得利落

通常，挨骂的下属心中都想："糟了。"悔意已生，理由嘛，他也心里有数，因此，要斥责得简洁、利落，切莫拖拖拉拉。

8. 斥责之后，立刻转变气氛

下面就是一个用批评来激励下属的好例子。

吉诺·鲍洛奇悉心经营的重庆公司是从一个家庭化的小作坊一跃而成为拥有近亿元资产的大公司。鲍洛奇对部下的严格要求是其成功的重要原因之一。有一次，他决定兴建一个新厂，由于时间紧、任务重，他派了一批得力的干将去。在预定开工前的三个星期，他前去检查工作。在那里，他看到了一番令他不忍目睹的景象：下属们满脸是灰，身上是泥，满脸的疲惫，满身的狼狈，电灯没有装好，用一个临时的电灯泡替用……看到这里，鲍洛奇又气愤又爱怜，本想宽慰一下他们，但又想到，新厂如不能按时开工，将会给公司造成莫大的损失。他生来脾气暴躁，遇到这种情景更是火冒三丈，他不由地厉声训斥："你们一个个无精打采，是干工作的样子吗？像你们这样的进度，公司不死在你们手里才怪呢！"他走后，下属们个个气愤激昂。你说我们不行，我们偏要做给你看看，下属们努力工作，终于如期完成任务。

虽然鲍洛奇爱批评下属，给人以暴君的印象，但正是这种独特挑剔的目光和做法促进了每一个下属奋发向上，激起下属们的干劲，从而促进公司的发展。

批评切忌用恶语伤人

无论任何团体，当下属犯下不可原谅的错误时，作为领导，无可避免地要对其加以斥责。但是每个人都有自尊心，批评应是在平等的基础上进行的，态度上的严厉不等于言语上的恶毒，切记只有无能的领导才会去揭人伤疤。因为这种做法除了会让人勾起一些不愉快的回忆，于事无补，而且除了使被批评者寒心外，旁观的人也一定不会舒服。因伤疤人人都有，只是大小不同，见到同事的惨状，只要不是幸灾乐祸的人，都会有"兔死狐悲，物伤其类"的感觉。

更何况，批评的目的是搞清问题，而不是搞臭下级。而且恰当的批评语言还牵涉到一个领导的心胸和修养问题，绝不能以审判官自居，恶语相向，不分轻重。

值得注意的是，作为领导，在严厉地批评了下级之后，一定不忘立即补上一句安慰或鼓励性的话语，"打一巴掌不忘揉三揉"。因为任何人在遭受领导的斥责之后，必然垂头丧气，对自己的信心丧失殆尽，如此造成的结果必然使他更加自暴自弃。然而，此时领导适时地利用一两句温馨的话语来鼓励他，或在事后私下对其表示，正是因为看他有前途，才会严格要求。如此，受批评的下属必会深深体会"爱之深，责之切"的道理，从而更加发奋图强。这样一来，下属不仅会牢记错误，而且可能会提高工作的积极性和自觉性。

周恩来总理就是这方面的典范,他总是抱着与人为善的至诚,对同志的缺点错误及时进行批评教育,使人心悦诚服。1952年,周恩来率政府代表团抵达前苏联,谈判我国第一个五年计划期间前苏联援建项目的问题。抵苏后,他把有关人员集中起来,逐字逐句地讨论和修改计划草稿,定稿复印前,又专门叮嘱一位同志负责最后的校核。当周恩来发现核对过的稿子仍有差错时,并未直接批评校对的同志。第二天,周恩来到代表团驻地与大家共进午餐时,特意和这位同志碰了杯,笑着说:"罚酒一杯吧!"既亲切,又严肃,使这位同志内疚而不觉得难堪,收到了"心有灵犀一点通"的效果。

批评切忌捕风捉影、主观行事

"闻过而喜"是中国的一句古训,但并不是每个人都能愉快地接受别人的批评。上级批评下级,要使下级达到心悦诚服,没有以权压人,以势压人之感,很重要的一条就是要做到实事求是。在批评之前先考虑一下有几分的事实根据,这是比批评的态度和方法更为基本的东西。如果事先调查不够,事实真相与得到的情况有差异,被批评者就难以接受;如果有人提供了假情况,打"小报告",管理者以此为据,大加批评,那就更难以服人了。所以,上级批评下级,责任要分清,事实要准确,原因要查明。从实际出发,弄清事情的本来面目,找出问题的原因,恰当地分清责任,这样的批评有理有据,既不夸大,又不失察,下级当然口服心服了。所以,上级批评下级,必须以事实为依据,以政策为准绳,不能随心所欲,更不能以感情代替原则。这就要求管理者必须心胸豁达,最忌讳神经过敏、疑神疑鬼、听信流言,无中生有。

做到实事求是,还必须克服主观行事的倾向。主观武断的管理者容易失去人心。对于任何事物,人们都有自己的主观印象,但是作为领导,切不可主观武断。例如,领导在主观上不喜欢一些职员,这种情况的原因是多方面的,像脾气不好、性格不合,或者在一些小问题上有摩擦。这时,一旦工作出现了偏差,便倾向将责任推到他的身上,从而造成了恶性循环,领导越来越挑剔下属,而下属的表现也越来越差。避免自己的主观武断,必须从心理上消除许多障碍。例如你要认识到,身为一名领导,你可能会很敏感,或者你看问题有时会产生片面等,多找自己心中的"死结",便会在对人和事的评价上多一分公正。

第九章

微管理关键词之九——鼓励

> 激励与鼓励,一字之差,两种含义。激励的是士气,鼓励的是下属。正确的管理者会从公司的大局出发激励士气,会从下属的个人出发鼓励下属,从而相得益彰,让公司和下属越来越好!

下属的个性空间需保留

微软的一条很重要的用人原则是:"人的最高需求是自我实现,也就是自我的管理。"

正如微软的观点所说,世界上唯一不变的就是变化,变化才是这个时代的永恒主题。变化无处不在,竞争随处可见。即使我们今天享有盛誉,无所不能,我们也无法保证明天能够继续获得成功,继续享受盛名。竞争者随时会在我们的身边出现,我们今天的位置随时都可能被取代。

我们需要做和所能做的就是积极应对变化,随时做好应对变化的心理准备,不断适应新的环境,不断地激励与发展自我,不断更新和改善我们的工作习惯和工作技能,使我们的脚步跟上变化的节奏,持续保持战斗力和生命力。

今天的工商业竞争异常激烈,商务培训已不再是一项奢侈的开支,而是一种必需,日新月异的现代社会发展要求人们的工作习惯和方法也随之发展。

在西方国家,人们在观念上已不把培训当作一种成本,而是作为一种投资、一种福利、一种激励方法写在企业经营计划里。用培训凝聚人心、鼓舞士气,激励下属不断保持高涨的工作热情,情绪饱满地工作。

下属在企业里所得到的东西也绝非高额的薪水和优厚的待遇

那么简单，与优厚的薪水相比，能够获得丰富的技能培训，不断增长见识，提高技能水平也是衡量知识型下属满意度的重要方面。

如果看不到发展的前景和进步的希望，下属就会因得不到有效地激励而没有工作的激情，因没有超越的愉悦而懈怠，而思变，长此以往，人员流失将是一个令企业头疼的难题。试想，让一个持有博士学位证书的人在银行做数钱的出纳工作，却从不增加工作的内容，不给予培训和提拔的机会，纵使月薪数万，他能够坚持多久，他敢坦然面对吗？他敢保证明天自己还呆在这个位子上？

为此，许多跨国企业不惜重金建立了自己的培训基地，有的企业甚至建立了专门用于下属培训的学校，使得企业不仅仅是一个工作的场所，也是一个获取知识的课堂，下属在企业不仅仅为了付出而感到快乐，更会因为获得而更多付出，而为企业贡献才智。

所以培训作为一种激励手段，对下属保持持久的工作热情和工作能力是非常必要的。

但是，企业毕竟资源有限，整天忙于生产经营，能够用于培训下属的人员和精力都非常有限，大部分企业所能够组织的只是一些领导或重点下属的培训，甚至有些企业不具备培训的能力，无法组织有效的培训。

马斯洛的需求理论告诉我们，人的最高需求是自我实现，也就是自我的管理。要想达到完全意义上的自我实现，离不开下属自己每日的自省与自励，只有持续地坚持学习，坚持每日进步，每日修炼，才能不断地超越自我，在迈向成功的终极路途上受到机遇垂青并抓住机遇,达到最终的自我实现。

结合这两个方面的考虑,我们企业必须给下属提供自由发挥的空间,不断强化下属的自我培训,为下属提供可供学习和进步的空间与时间,帮助下属在自我的教育与训练当中获得提高和发展,达到自我充电的目的和培训的效果。

管理之本在于用人

领导是管理人才的伯乐,正如美国著名经营专家卡特所说:"管理之本在于用人。"

领导在发挥人的长处的问题上,第一个会遇到的就是雇人问题。领导选择人员和提升人员时所考虑的是以他能干什么为基础的。他的用人决策不在于如何减少别人的短处,而是如何发挥人的长处。

谁想在一个组织中任用没有缺点的人,那么其结果最多只是一个平平庸庸的组织。想要找"各方面都好"的人,只有优点而没有缺点的人,结果只能找到平庸的人,也就是无能的人。强人总有某些缺点,有高峰必有深谷。谁也不能在十项全能中都强,与人类现有的博大的知识、经验和能力相比,即便是最伟大的天才都不及格。

一位领导如果重视别人不能干什么,而不是重视别人能干什么,因此他以回避缺点来选用人而不以发挥长处来选用人,那么他本人就是一个弱者。他可能看到了别人的长处却把它当成对

第九章 微管理关键词之九——鼓励

自己的威胁。但是事实上从来没有哪位领导因为他的部下很有能力、很有效而遭殃。美国的钢铁大王卡内基墓碑上的碑文这样写道:"一位知道选用比他本人能力更强的人来为他工作的人安息在此。"当然,这些人之所以比卡内基更强,是因为卡内基发现了他们的长处,并应用了他们的长处。实际上,这些钢铁工作领导之中的每一位只是某一特别领域里,在某一特别工作上比卡内基"更强",而卡内基是他们的一位有效的领导。

有效的领导知道,他们的部下之所以拿薪水,是为了行使职责,而不是为了投上级所好,他们知道,只要一位女演员能招徕观众,至于她爱发多少脾气那都无关紧要。假如发脾气是这个女演员能使自己的表演达到至善至美的方法的话,那么剧团领导就是为受她的脾气而拿薪水的。

有效的领导从来不问:"他跟我合得来吗?"而问的是:"他能做什么?"所以在用人时,他们发现别人某一方面的杰出之处,而不看他是否具有人人都有的能力。

知人所长和用人所长是合乎人的本性的。事实上,所谓"完人"或者所谓"成熟的个性",隐含着对人的最特殊的才能的亵渎。人的最特殊的才能是:把他的所有资源都用于一项活动、一个专门领域、一项能达到的成就上的能力。换句话说,所谓"完人"或者"成熟的个性"的概念,亵渎了人的卓越。因为人只能在某一领域内达到卓越,最多也只能在几个领域内达到卓越。

当然,世上确有多才多艺的人,我们通常所说的"万能天才"指的就是这些人。但真正在多方面都有造诣的人还没有。即使是达芬奇也只不过在绘画方面造诣较深,尽管他兴趣广泛;如果歌德的诗没有留传下来,那么他所有为人所知的工作也就是对光学和哲学有所涉猎,但恐怕不见得能在百科全书上见到他的大名了。伟人尚且如此,我们这些凡人就更不用说了。除非一个领导能够发现别人的长处,并设法使其长处发挥作用,否则他就只有看到别人的弱点、别人的短处、别人对成果和有效性的阻碍的影响。用人只用别人的短处,只用别人的弱点,是对人才资源的浪费,是误用人才,说得严重是虐待人才。

发现人的长处是为了要求成果,一个领导不先问:"他能做什么?"那么就可以肯定,这位领导的部下不会有真正的贡献。这等于他事先已经原谅了他的部下的无成果。这样的领导成事不足、败事有余。真正"苛求"的领导——事实上懂得用人的领导都是苛求的领导,总是先发掘一个人最能做什么,再来"苛求"他做什么。

老想克服人的缺点,组织的目标就要受挫。所谓组织,是一种工具,专门用来发挥人的长处,并中和人的短处,使其变成无害。能力很强的人不必参加组织,也不会想参加组织。他们自己单干会更好。我们绝大多数人,没有突出的长处,不可能凭仅有的长处就能奏效,更何况我们还有许多缺点。研究人际关系学的专家有一句俗语:"你要一个人的'手',就是他'整个的人',因为他的人和手总是在一起的。同样,一个人不可能只有长处,短长总是和我们在一起。"

但是我们可以这样筹划一个组织,使人的弱点只是他个人的瑕疵,被排除在他的工作和成就之外。我们可以这样筹划一个组织,使人的长处能得到发挥。一位优秀的会计师,自行开业时可能会因为他不善于与人相处而受挫折,所以把他放在组织里,我们就可以使他发挥会计的业务之长,并把他的不善于与人相处之短排除在他的工作之外。

下属的自我评价需正视

很多日本企业都喜欢建立下属的自我评价制度,作为人事考核时的参考。

这是让职员针对自己的企业提案能力、业务执行能力、领导教育能力、个别专业能力等做具体性地评分,并借此制订今后努力的目标。

下属做过自我考核之后,再由领导做二次考核,这时领导可以发现一个有趣的现象,那就是大部分下属对自己的评分不是极端地高,就是极端地低。能做出由第三者来看也觉得恰如其分地自我考核的人,实在少之又少。

这时领导往往会对自我评分较低的人抱有好感,或许是因为日本人传统认为谦虚是一种美德所致吧。至少,这样的人在领导心里的评价会比那种宣称自己能力极佳的人高。

但这一点其实需要再深思,夸张一点地说,那种自己给分过低的人,其实是比自己给分过高的人还潜藏着更大的问题。

所谓自己给分过低是指什么样的情形呢?

(1)能力的确差人一等,而且本人亦有所自觉;

(2)认为比起自我评价过高,还不如评价过低比较不会让人说话；

（3）本有能力，但是因自我要求不太高，所以给自己偏低的评价。

属于（1）的人虽然能虚心地自觉能力不足，却常常缺乏向上的进取之心。实际上，对自己的评价过度谦虚的人，通常都不够积极，和属于（2）的人同样都抱有多一事不如少一事的想法。至于（3）则真的是品格高尚得有点不合现实的人，现实中也的确很少存在。

反之，自我评价过高的人则可分为以下几类：

（1）的确具有能力，本人也以此自豪；

（2）虽然没有那么好的能力，但本人自认能力不错而自负；

（3）因不服输的个性使然，进而给自己过高的评价。

认可自己下属的方方面面

对于不可爱的下属，容易意气用事地给予严厉地批评，而对于温驯顺从的下属则比较放任，这其实是人之常情。只要不会反抗自己，不会威胁到自己的地位，并且能按照自己所言行事的"安全下属"，无论是谁都会以和气的态度来对待。所以安全的下属就等于可爱的下属，也等于能够配合自己的下属。可是对于这样的下属，作为领导反而要更具备危机意识才是，因为这些人通常自我评价不高，实际能力亦不佳，套句老话，他们就像是"不请假、不迟到、不工作"的人一样，都是一群不能说好也称不上不好的人。

企业组织必须先认识到这样的人其实才是企业里的大问题。如果这些人还只是初出茅庐、尚在实习中的二十多岁的人，倒还不至于带来什么严重的影响，但等到他们三四十岁变成支撑整个企业的中坚，就会出现严重的问题。

通常能够领导企业的精英人才，约占了全企业职员人数的20%，剩下的成员中，60%是属于那种优缺点正好相平的平凡人，另外的20%则变成企业的包袱。那种个性高傲，不愿服输的人，有不少可归于领导精英的20%之中，但是表现平平的人则几乎不见于这群人中。除此之外，有些人年轻时因为温驯顺从而深受领导的宠爱，到了某个年龄之后却处处暴露出了无能，因此让领导深感苦恼。

在泡沫经济的20世纪90年代初，不少白领管理阶层受日本产业界的企业重整与流程改造之苦，这当中有不少是那种表现不好也不坏的领导。为了避免类似的悲剧再度发生，领导必须更加注意观察那些自我评价态度保守，向来自律不招摇的人。

具体来说，可从下面几点来观察对待他们：

（1）除了个性认真、率直、诚实等优点外，是否具有其他特质？

（2）是否具备创业家的野心、冲劲？

（3）是否具备独立的专业能力？

其他的诸如待人态度良好、脾气好、工作态度良好等优点当然是有比没有好，但是这样就感到安心的话，只会培育出一堆无法独当一面的人。

鼓励下属，不要做打击他积极性的人

请试着回想一下，在下属表现突出的时候，你是否称赞过他们？是否对他们辛苦地工作表达过感激之情？有些领导可能会说，这些都是次要的，认为"下属用工作换薪水，努力工作是他们的本分"，"我不用他们喜欢我，只要服从就行了"，"要温暖回家找，我这没有"。其实，这种想法大错特错了。

学者劳伦斯做过一项下属对于工作期望的研究。结果表明，下属最想得到的不是金钱，而是一些无形的东西：（1）感到自己被赏识而感激；（2）工作的参与感；（3）一个能够体谅下属的领导。一个领导如果能够提供给下属他们最想要的东西，下属们还会不全力以赴吗？激励你的下属，不去做一个灭绝他积极性的管理者，是人性化管理中不可或缺的一部分。

大师准备上场，一个弟子看到他的鞋带开了，特意跑过来告诉他。大师点头表示感谢，然后蹲下来仔细系好鞋带。但是，当弟子转身离开后，他却又蹲下来把鞋带解松。

一个旁观者看到后很不解，就问："大师，您这是干什么呢？"

大师回答说，他扮演的是一个劳累的旅行者，长途跋涉的人是不会有绑得这么扎实的鞋带，所以他要通过这个细节表现旅者的劳累憔悴。

那人又问大师，为什么不把真相直接告诉他的弟子。大师回答道:"他能细心地发现我的鞋带松了,并且热心地告诉我,我一定要保护他的这种积极性,及时给他鼓励。至于为什么要将鞋带解开,将来会有更多的机会教他,可以下一次再说啊。"

感谢下属为你做的一切,即使有时候他像故事中弟子一样做错了事。就如同在家里,妈妈经常让孩子帮忙洗碗,但是孩子经常在洗碗的过程中打破碗盘。打破碗盘后,妈妈不但没有斥责他,还鼓励他,这样孩子的积极性就会更高了。

所以当看到下属在正确地做事时,不要犹豫,要直接告诉他们并且表示感谢。

但是,"感谢"这个词如果用烂了,下属会对你的激励产生免疫。经理的"感谢你们每个人的伟大工作"之类的话,只会让下属疑惑:领导真的认识自己,知道自己做了什么吗?所以激励下属要讲求策略。激励下属的策略有很多,领导需要注意的是以下几点:

(1)要有针对性。针对下属的不同需求进行激励。每个人都有不同的诉求,有的下属看到钱就两眼放光,这时你要做的是给他你认为合理的薪水,并且告诉他只要努力,薪水不是问题。有的下属比较看重个人的发展空间,这时你要做的就是告诉他,他做得很棒,完全有做高管的潜力。

(2)激励要适度。频繁激励可能会让下属产生"抗药性",而过于少的激励又达不到应该有的效果,所以激励一定要适度。

(3)及时最重要。当下属需要激励的时候,领导应该及时采取激励措施。当下属已经心灰意冷的时候,领导去补救,就已为时已晚。

(4)变换方式方法。单纯的一种激励会使下属的心理产生"抗药性"，所以，灵活地变换方式方法很重要。除了真诚地感谢之外，也可以考虑一些激励活动，例如开展工作竞赛、组织旅游、股票分配、增强责任和地位、加薪、奖金、福利、特殊成就奖、晋升等等。这些都是激励中的小技巧，领导可以在工作过程中综合使用。

作为管理者，如何把下属的工作积极性调动起来，这是工作能否顺利完成的关键。当然，下属有很多种，有些下属表现也不是很好，这时应该怎么激励呢？要先把他存在的问题作为希望明确地说出来。例如类似"我相信你如果能改掉马虎的毛病，工作会更出色"等，促使其自觉地发挥优势，克服缺点，不断自我完善。

信任也是一种鼓励

现在，很多企业都强调效率就是一切。效率是对个人和团体的组织能力和业绩的衡量基准。所以，企业往往要求一个人完成几项任务，要求团队只管动手做，而忽视了计划或设计项目。它导致的结果是所干的事情会由于计划不周而把人弄得焦头烂额。人们通常只注重眼前结果，而忽视了长期的影响。

其实，一味追求效率，却反而得不到期望的效率，正所谓欲速则不达。也就是所说的欲速则不达。速度是通过信任关系达到的，必须让大家相信所采取的行动符合大家的共同利益。

信任是组织内部关系的基石，至少从以下三个方面来理解信任。

首先，信任是我们选择生活方式的原则和基础，是我们评价自身和他人行为的标准。它表达了我们对自己和他人最注重的品质所在。

其次，信任是自尊的衡量标准，即自我感觉。没有了信任，我们可能会自暴自弃。如果信任不深，我们可能会对他人过于猜疑。当我们具有高度的自尊，就会朝气蓬勃，更容易信任他人。有了信任，我们就不会滋长骄傲，而只有谦虚；不会自负，而只会勇于承认自己的错误。

最后，信任是由内而外产生的。我们首先做到自己值得别人信任。这意味着要认清价值观，通过学习新技能来支持这些价值观，然后行动。这称之为信任能力。培养信任能力或许是个人、团体和企业组织面临的最大挑战。

信任，通常在工作契约上获得体现。工作契约往往是领导与下属达成的一种隐性协议，确定双方对风险、技能、劳动和报酬权衡的理解。它还解释了双方的相互对待方式。

在以关系为基础的企业中，契约规定了工作关系的性质、质量及真诚程度。它是我们相互对待和企业管理经营体制的一种具有约束力的义务。

这种新的契约将让每个人获得自尊和尊重，承认下属来自不同背景，具有不同程度的自尊和不同的技能。下属能全面融入企业，与企业共同走向成功。这能增强下属的主人翁精神，并使其个人愿景与企业的战略方向高度一致。

这种新的契约不仅是关于薪酬福利，而是与关系和贡献紧密联系的。因此，业绩可以通过客户和同事来评估，也可以通过自我评价来评估。

这种新契约的关键在于重新界定管理层和下属之间建立信任工作关系的能力。我们所讲的这种新的信任程度,是要将过去以"我"为中心的企业文化转变成一种以"我们"为中心的文化。

为了能实现这个目标,应当对契约进行有效管理,以发挥其效能。每个人都有责任确保协议顺利达成。当团队有一个自理结构来确保团队的成员各尽其责时,效能就取决于团队所设立的目标。

虽然契约的基本原则是既定的,但随着下属的发展和成熟,学会了如何以不同的方式工作,契约的应用方法也会在时刻变化。从这个意义上来说,契约可以由契约订立者灵活解释。

工作关系和客户关系正由害怕竞争逐渐转为以信任为基础的合作。由于文化是建立在互相尊重的基础上,因此其关系重在诚实可靠的沟通和对话,而绝不是阳奉阴违、虚情假意。

这样,企业创造业绩的速率将大大提高。内部冲突减少了,信任程度提高了,下属就会更注重客户需求,提高工作效率和质量。内部沟通增强了,目标一致了,下属工作起来就更灵活机动。如果大家没有部门保护主义,业务流程就会简化。

总之,现代的企业是要创建一种以关系为基础的企业,是要创建以信任和相互尊重为原则的工作场所。

容忍下属的失败,鼓励屡败屡战

在美国的一些大公司,管理者不仅善于容忍下属的缺点和错误,而且还鼓励下属犯"合理性的错误",不犯合理性错误的人是不受欢迎的。这一点与我们的传统观念完全不同。何谓合理性的错误呢？这是指在工作中，特别是在竞争激烈的"经济战争"中，对于担有一定风险的经营决策，敢于开拓，勇于承担风险者，或因对手过强，条件不足，或因对方配合不够，不守信用而产生的错误和问题。至于知法犯法、怠工懒惰、莽撞胡来的行为自然不在此列。

小王公司有两个下属 A 和 B。当小王问及工作时，下属 A 总是说："我的工作圆满完成了。"下属 B 有时会说："今天我在工作上犯了个错误，是因为……以后注意。"在外人看来，下属 A 好，因为他没犯错误，工作表现得不错。但是在小王眼里，下属 B 才是最值得信任和培养的人。事实证明，他的想法没错。

一次工作中，小王让两人分别做同一件事情。执行中，小王有意制造了些麻烦。这些麻烦是平时工作中很常见的。下属 A 回来直接告诉他："这个任务不能完成，原因有……"而下属 B 回来跟他说："幸好上次遇到过这样的情况，这次不会错，任务完成了。"

很明显，小王的目的达到了。下属 A 是为了避免犯错误而不去工作。因为他觉得，"不做总比犯错强"。而下属 B 却认为："尽量把工作做好，积累经验。"

一个不敢冒风险的经营者，他在竞争中丧失的机会要比捕捉到的机会多得多。风险越大，往往希望越大，获得的利润也越高。这种鼓励进取的做法是一个企业不断进步的法宝。"没有最好，只有更好"的不仅是澳柯玛，它应该是每一个公司和每一个管理者都需要考虑的事情。而做到这样，首先就要不怕失败，不怕自己的失败，更不能怪罪下属的失败。从某种意义上来讲，停止走在错误的道路上就是一种进步。失败了一次，就为成功多加入了一份保险。

理性上，我们容易承认"失败是成功之母"，但实践中，我们常常避讳失败，不容忍错误，甚至苛求犯有过失的人。这是不对的，作为领导要提倡合理的失败，因为这样做好处多多。

（1）领导允许合理的错误、失败的存在，下属则容易视他为"大度"，而虚怀若谷的领导最容易建立起威望。一旦领导自身的影响力和威望建立起来了，下属自然会围绕在你的身边，为你辛勤地工作。

（2）领导不纠缠于下属的错误和失败，反而善于发现下属的闪光点，这会营造出一种宽松愉悦的工作环境，下属的自我管理水平也会逐渐提高，参与意识和主人翁意识也会有所加强。下属看到自己的价值所在，也会为了公司的价值全力以赴。

（3）承认失败是找到致胜方法的先决条件。出现失误，人们不去隐瞒，不去寻求庇护，而去努力寻找失败的原因，这利于问题的解决。

（4）人们正视错误，正视失败，乐于接受教训，利于形成良好的人际环境。如果一味地指责，反倒会打击一部分人的工作积极性，从根本上动摇企业的根基。

失败是成功之母，我们往往会这样勉励自己，却为什么对下属的失败就揪住不放呢？领导要学会对下属宽容，主动地帮助下属寻找失败的原因，总结失败的教训，让他的能力得到提高，让他的经验得到积累。只有这样，下属才能在工作中不怕失败，敢于做事。同时能力的增长和经验的积累也会让下属的失败概率不断下降。这是一个优秀领导的管理艺术。

尊重下属的个性，鼓励其职业发展

现在的职场新人大多都是80后、90后，大多都是独生子女。他们有一个共同点就是，反应快、干劲足、办事灵活，但相对又比较自我、草率。经常是你今天刚批评完他，明天他就辞职不干了。怎么用好这些年轻人是现在很多公司一个不可回避的问题，也是领导用人所必须面对的问题。

职场年轻人的问题固然有他们自身的原因，但是也有公司和领导在管理和用人方面的原因。"招来就能满意的下属"少之又少，唯有培养才是一个成熟的领导应该做的。如何培养，怎么因材施教，是他们最应该考虑的事情。

个性无所谓好与不好，要看你怎么把个性与工作协调，怎么能够让他的个性成为工作中的一种优势。

张兵公司来了一个新的业务员，20多岁，能力挺不错，头脑聪明，思维敏捷。只要他跟客户谈上了，基本上都能搞定。但就是比较懒，他不愿主动出去跑客户。客户不会主动送上门，所以他的业绩一个月来都不是太好。

副总想弃用这个人，可是张兵比较惜才，想要培养培养看。一次，公司要参加一次竞标，由于竞争对手是个大公司，很多人私下都觉得没什么希望。张兵灵机一动，找来了这个业务员，跟他说明了情况，并且对他说："还从来没有一个业务员让我这么想要重用的。这次是个挑战，也是个机会。这个项目如果竞标成功，你就是项目经理，敢挑战吗？"

这个年轻人一听，兴奋地说："现在给我详细的项目资料。"这个项目是关于旅游开发的，正合年轻人胃口。接到任务后，他一改以往懒懒散散的工作态度，开始兢兢业业地带团队、做调查、弄方案。最终他采用了独特的包装和新的旅游理念，投标成功。

张兵很是满意，并且兑现了当时的承诺，提拔他当了项目经理。后来，年轻人没有让他失望，在与竞争对手的决战中总能出奇制胜。

从这个故事能够看出，虽然每个人的个性不一样，关键是对症下药，把他们引导上正确的发展道路，他们就能迸发出工作的热情，发挥出他们的潜力，把工作做好。

有个性的下属通常是那些有棱有角、不太好驾驭的人。这些人由于具有某一方面的能力或优势，往往不太驯服，容易与领导"较劲"，甚至偶尔给领导制造点"麻烦"，令领导颇感棘手。如何驾驭有个性的下属，扬其长、避其短，使他们服从管理，听从召唤，为我所用，是摆在领导面前的一个问题。

是问题就有解决的办法。很多领导对有个性的下属非常反感，甚至一碰到就会弃之不用。其实这是非常错误的。领导首先要做的就是把握个性，给他们一个平台，鼓励他们发展。

当领导的一定要摸准下属的性格、脾气，洞悉他们的心态、情感，明确他们的愿望、要求，并采取相应的对策，以下几点供参考：

（1）要顺毛撸，要尊重和理解。如果下属是一杆矛，当领导正面跟他对抗的话，他的锋利就会直接跟你对抗。但是如果你站在他的身后，尊重他，给一个"信任盾牌"，他就会用他锋利的矛去保护你，去攻击你的敌人。这不是利用，而是双赢。因为在战斗中，他会成长得更快。

（2）要宽容、包容。个性往往夹带着很多不足，就像切割一根棍子，平分的人比较中庸，在边上切的人得到的是有长有短。对有个性下属的"冒犯"要有容忍之心，对他们的工作失误要有宽容之心，对他们的缺点要有包容之心。只有包容他们的缺点，慢慢地弱化不足，才能让个性充分地发挥出来。

（3）要有惜才、爱才之情和重才、用才之量。即就是用信任感化他们，用真情打动他们，用人格赢得他们的尊重和信任。在信任的同时要多给予帮助，千里马需要伯乐。

领导要善于做一个知人善任的伯乐。怎么做呢？首先是在心态上尊重个性，而不是把个性当作是年轻人的缺陷；其次是了解个性，用心了解下属的个性，才能真正和下属达到互动和交流，达到更好的管理的目的；最后也是最重要的一点，就是要懂得引导、鼓励他们发展。做到了这三点，你才算是一个"合格"的伯乐。如果你做到了，相信那些千里马下属也不会让你失望的。

不信任下属是企业最大的浪费

在软件大国爱尔兰，各软件企业都变控制管理为信任管理，企业对下属更多地提供价值观的满足而不仅仅是物质上的满足。

在沃尔玛，每一个管理者都用上了镌有"我们信任我们的下属"字样的纽扣。这正是沃尔玛从一家小企业发展成为美国最大的零售连锁集团的秘诀之一。

要搞好现代企业，就要把信任作为企业最好的投资。信任是未来管理文化的核心，它代表了先进企业未来的发展方向。著名的日本松下集团，其商业秘密从来不对下属保密，他们在新下属上班的第一天，就对下属进行毫无保留的技术培训。有人担心，这样可能会泄露商业秘密。松下幸之助却说，如果为了保守商业秘密而对下属进行技术封锁，下属会因为没掌握技术而生产出更多的不合格品，加大企业的生产成本，这样的负面影响比泄露商业秘密带来的损失更为严重。而对于以脑力劳动为主要方式的企业（如软件业），其生产根本无法像物质生产那样被控制起来，信任也是惟一的选择。

相反，如果对下属不信任，就会成为管理中最大的成本。人们为不信任付出很高代价。不信任的直接后果是听不到团体中的创造性意见，甚至可能会降低企业的生产能力。一旦消除不信任，工作就会明显改观。

在把不信任转变为信任的过程中，管理者的作用十分关键。请问，谁更有可能说"请认真点好吗？""到底是领导还是下属？"在大多数企业里面，领导更有可能说这种话。

下属们通常只是用躲避或抵制作为对不信任的回应。另外一些人则把这种不信任一级一级往下传。由于害怕经理的惩罚，有人就不信任自己的下属人员。许多会议都因不信任而不欢而散。人们相聚时的精力差不多都用于维护自己的尊严和以不信任回报不信任。而对业绩的改进没有任何帮助,谁也不愿意这种情况发生,但总是有人自觉或不自觉地将企业推向"不信任"的陷阱。

克服不信任、否定态度和僵局的办法是:

承认和尊重下属提出来的每一个想法;

不加挑剔地倾听意见,把每个想法都写在图表上;

鼓励与会的每个人都提意见——不只是地位较高的人;

促使大家敢想敢干,不因某种条件限制而停滞不前;

不要因为某种条件的限制而放弃任何可能性,等到开拓出充满希望的方向之后,再考虑这种限制。

关键在于始终抱赞成态度,它能使下属们将精力放在问题的解决之上,并使之意识到自己的行为会对企业的业绩产生直接影响。只有做到这些,目前花在不信任和回报不信任上的巨大精力才可能被各方面用来发明新产品、解决新问题和采用新方法,并用以作出周全的决定。如果能使工作场所摆脱不信任,工作的局面会立刻有所改观。

树立下属们精神上的"归属感"

如今,跳槽之风颇为盛行。跳槽者中不乏为高薪所动者。在中国加入WTO之后,外国企业长驱直入中国,纷纷就地高薪招聘中国的人才,造成中国企业大量的人才流失。大兵压境,直面人才竞争,国内企业如何吸引人才、留住人才、稳定人才呢?

"良好的企业文化也是增强激励效果、提高下属满意度的重要保证，因为企业文化能为企业科学合理的薪酬体系的顺利实施提供'人尽其才'的软件环境。"浪潮软件企业总裁丁兆迎介绍，浪潮软件遵循"以人为本"的理念，倡导在尊重人、理解人、关心人的过程中实现造就人才的目的。尊重个人的发展和提高，充分发掘个人的能力与潜力，给人才提供最好的发展机会和实现个人自我价值最大化的平台，以事业吸引人才，以企业美好的发展前景凝聚人才。

为了鼓励下属的个人发展，帮助下属规划个人职业生涯，浪潮软件结合每个人的特长和兴趣，设置了许多具有挑战性和发展潜力的岗位，包括地区领导、产品领导、研发领导、售前领导等各类管理和非管理岗位，并设立专家席，在竞争上岗、能力评价、绩效评估的基础上，结合个人爱好和特长来规划每个人的发展道路；积极推进竞争上岗，使合适的人找到合适的岗位，合适的岗位找到合适的人。竞争上岗的实施给每一位下属提供了展现自我、发展自我、完善自我的机会，搭建了一个人才竞争的舞台，为下属创造了更大的发展空间，使一大批人才崭露头角；同时，倡导创新精神和竞争意识，建设激励新人、鼓励冒险、容忍失败的宽松的文化环境，确实用好人才。

现在，不少软件企业似乎患上了"人才投资恐惧症"，花不少钱刚培养出一个人才，仅仅为了几百上千元钱，这个人也许就会另攀高枝，这着实让企业叫苦不迭。"拒绝培训"是当下不少企业应对人才频繁跳槽的一个策略，但这无疑于饮鸩止渴。丁兆迎介绍，与其他许多软件企业把过多的精力放在如何招聘人才上不同，浪潮软件把人力资源管理的重点放在怎样留住人才上。丁兆迎强调："人才的培养比使用更重要，参与国际竞争，人才是第一重要的因素。中国软件企业的问题之一恰恰是对人才的培养和重视不够。"丁兆迎认为,如果软件企业都同等地重视人才培训,那么跳槽的成本在各企业间也就扯平了。为此,就需要在人才教育和使用机制上做出新的探索,譬如兴办软件学院便是有效途径之一。与大学计算机系的培养思路不同,软件学院着重培养软件工程人才,强调软件开发规范和工程实践能力,这就把学生的适应期从企业转移到了学校。丁兆迎介绍,近年来浪潮软件在积极引进留学归国人员的同时,也加强了对软件人才的培养。浪潮软件与高等院校合作,成立了浪潮软件学院,并对首批70名程序员进行了培训。现在,浪潮不同层次的软件人员都接受过或正在接受着不同的培训,浪潮软件1800多位下属中,从事培训工作的就多达140多人。

尽管相对于其他软件企业来说,浪潮软件下属的薪酬水平绝不低,但从近日一家投资咨询企业一项关于"用友CEO的收入为浪潮软件CEO的10倍"的调查结果来看,浪潮软件高管的薪酬不谓高也是不争的事实。作为一家上市的软件企业的高管,有没有想到过为了更高的薪酬而跳槽呢?是否会有没有跳槽经历的遗憾呢?

浪潮软件CEO王柏华有一句名言,叫"拒绝诱惑"。王柏华是山东诸城人,加盟浪潮已有16年之久。16年来,王柏华在实现着自己的梦想。王柏华于1986年毕业于成都电讯工程学院,当年加入浪潮集团前身山东计算机服务企业。1986年底,他开发成功我国最早的汉字系统之一的"记忆联想式汉字输入系统",1987年他开发出的"汉字脱机自动打印卡"获得了国家发明专利。

自1995年以来，王柏华历任浪潮集团系统工程企业副领导、浪潮集团计算机事业本部副领导、浪潮电子信息产业股份有限企业副领导、浪潮齐鲁软件企业领导、浪潮软件董事长兼CEO等职。把十多年的时间花费在一个企业身上是需要勇气和耐性的，当然也要有拒绝诱惑的决心。王柏华说："软件业每天都面临着许多诱惑，无论是个人的还是企业的，关键是看你是否敢于放弃，有时候放弃也是一种痛苦。"王柏华能拒绝诱惑，首先是由他肩负的振兴中国软件业的使命感使然；另外，王柏华把此归功为"浪潮是一个重感情的团队"。在浪潮软件，王柏华一直倡导一种良好的氛围和团队文化。在王柏华的言谈中不难发现，一种让人为之动容的"浪潮情结"已深植其血肉和骨髓之中。

浪潮软件总裁丁兆迎为山东日照人，在浪潮也工作了13年了。1990年，丁兆迎于山东大学计算机系研究生毕业，获硕士学位，同年就职于浪潮集团办公自动化研究所。从1997年以来，丁兆迎历任浪潮办公自动化研究所所长、浪潮齐鲁软件企业副领导和浪潮软件总裁等职。在他的领导下，浪潮成为我国办公自动化领域的先驱。在电子政务领域，浪潮软件也一直处于业界的领先地位。在丁兆迎身上，显示着一种典型的"浪潮情结"。正是这种山东人和山东企业特有的忠厚"情结"，让丁兆迎在浪潮一干就是13年。丁兆迎说："浪潮这个团队是很抱团的，大家配合起来很默契，有很强的凝聚力和向心力。浪潮软件作为国内著名的行业IT应用整体解决方案提供商，给我和所有的下属提供了广阔的发展空间，这足以弥补个人的任何遗憾了。"

"浪潮情结"中的"情"主要体现在人性化的管理上；而"结"

则为扁平化管理，有了"结"，才能让"情"凝聚。浪潮软件的"人性化"和"扁平化"双"管"齐下，从而实现了人尽其才，并使浪潮软件麾下汇聚了大批软件人才。正是这种被誉之为企业命脉的"浪潮情结"，成为维系浪潮软件下属，以及推动企业发展的原动力。浪潮软件事业的蓬勃发展也进一步带来了下属丰厚的回报。

坚持人尽其才的主张

管理者在用人时应该坚持"用人不疑，疑人不用"的原则，既然用了，就要对其绝对地信任，并给予广阔的空间，使其人尽其才。也只有这样，人才才会绝对信任管理者，投桃报李，为管理者尽展其才华。成功的管理者大都爱对部下说："你们放手去干好了！"这既是一种鼓励，又是一种放权，因为他们非常明白：只有让手下放手施为，尽其所能，才能创造出更辉煌的成绩。

周恩来总理在人尽其才方面给我们许多有益的启示。新中国成立以后，中国共产党为打天下，变成了治天下，如何使用那些戎马一生，功勋卓著的老帅们、将军们和民主人士，使其一展其长，为新中国效力，周恩来可谓费尽苦心；陈毅，人称儒将，文能治国，武能安邦，把大上海交给他管理，更能尽其才；贺龙，"两把菜刀闹革命"，戎马生涯之余，喜欢玩玩球，锻炼身体，体委主任最为适合；傅作义，这位对和平解放北京有过特殊贡献的将军，曾在兴修河套工程方面做过许多工作，由他担任水利部长，当能胜任；解放前一直拒绝做官的民主人士黄炎培，德才兼备，出任政务院副总理兼轻工业部部长，恰如其分……在周恩来的安排下，可谓人尽其才，为中华民族的振兴做出了巨大贡献。

在当今的企业界中，更多的管理者认识到了人尽其才的重要性，并用之于实践，大都取得了良好的效果。日本丰田汽车公司领导丰田喜一郎充分信赖销售专家神谷正太郎，让其不受任何约束地工作就是一个突出的典型。事实证明，丰田喜一郎是正确的，神谷正太郎无愧于一个销售天才。他为丰田汽车公司的飞速发展立下了汗马功劳，用尽了自己的聪明才智，但他对丰田始终忠贞不二。人尽其才的任人准则在此得到最充分地体现和证明。今天的管理者们应该加以借鉴和应用，以减少人才资源的浪费，同时促进企业或事业的发展！

下属的职责可以适时扩大

每个人都喜欢有责任性的工作，在一项座谈会中，大部分人都有如此的想法："让我从事责任更大的事吧！"或者说"责任感愈重之事做起来越有价值。"

为什么他们想负这么多的责任？最大原因在于愈有重责则表示此人愈有能力。不过给了某人责任之后，相对地也要赋予相当的权限，在此权限内，可以依照自己的方法做事。低层工作人员或从事单纯、辅助性工作的人员，即使能圆满完成任务，总不觉得负有什么责任，这是因为他们不能依自己的理想做事之故。

每个人都有强烈的欲望，希望别人看重他，故想多负担一些责任。因为负担了责任，自己就有责任感，换句话说，给了某人责任与权限，他就可以在此权限范围内有自主性，以自己个性从事新观念的工作，因此他就拥有了可自己处事的满足感与成就感。

1. 不要做个啰嗦的主管

主管若过于啰嗦，无论大小细节都要说明、吩咐，只是徒增下属的烦腻，同时下属也会觉得自己根本无需负责，于是欠缺责任感，工作意念也随之降低。在啰嗦的主管吩咐下的工作人员，其责任感较公司给予概括的指示，然后一切细节由工作人员自行负责者来得低，这可以由下面的例子得到全盘的认识。

某公司里一位A股长调职，继任者是B股长。不到一年的时间，该部门生产量增加了16%，在此我们研究了A、B股长的作风。A股长一天到晚楼梯爬上爬下，不厌其烦地指示下属；但B股长作风就迥然不同了，任何事都仅指示大纲，一切细节则由下属自行负责，他也不限制下属的自由，完全尊重他们，下属因为依照自己的想法做事，愈做兴趣愈浓，也希望将该事做到完美的境界，因此责任感很强。因二人作风不同，工作成效也大不相同。

照这个例子看来，不仅要让工作人员负责任，而且要赋予相当的权限。所谓权限，即是可依照自己的意志做事，如此才能提高工作效率。

2. 权责必须平衡

责任与权限必须均衡。我们所说的赋予工作人员权限，即是让他们在自己的意志下工作的范围。很多主管对下属只强调责任，而极少赋予权限，只是一次次地指示他们，以致下属根本毫无机会依照自己的办法去做，在此状态下，无论你如何强调责任都无法收到预期的效果。

在许多公司、机关中，责任与权限无法合二为一。权限都集中于上级，下属仅负责任而已。须知无论何事，一旦欠缺权限则产生不出责任，因此责任与权限始终必须一致。

赋予某人责任即是让对方负责之意，这点每个人都必须明了，也正因如此，工作范围须划分清楚，如此，个人所负担的责任即分担工作范围内的责任而已。

说了这么多，责任到底是什么呢？工作人员有完成工作的义务，假若无法完成或工作成果不好时，就非要负责任不可了。这所谓的责任并非要你提出辞呈，或者要你等待受罚，而是你仍需将失败处弥补至完美为止，使其影响降至最低限度，而且要追究失败的原因，决不再重犯。

你的下属做错了事，你自己也不能免除责任。故当自己的下属失误时，在处罚下属之前必须自己先反省一番，看看自己的作法是否不当，导致失败的原因何在，并且要改善缺失，这才是主管人员的职责所在。

在与年轻人的交谈中，大家都认为："任何一件事上，领导若信任我们，可放手让我们单独去做，我必定会更加卖力。"

说这些话的人进入公司服务都一年多了，他逐渐地学会做每一件事，新鲜感再加上丰富的经验，他愈做愈有味道。反之，若经年累月地做同样的工作，时间一久他会觉得枯燥无味、单调无比，原先的工作热忱也渐渐消失了。故主管人员应依照下属们的工作熟练程度，由最基本的D级工作晋升做C级工作，再由C级跳到B级，如此一级级地赋予较高级的工作，他们做起事来也不致有厌倦感。

工作编排并不只限于纵的方面赋予高级工作，有时也可在横的方面赋予范围更广的工作，这道理都是一样的。

一步步地学会了更高深、更广泛的工作，即表示积累了相当的经验，思想愈加成熟、充实，做起事来也格外地干劲十足。

第十章

微管理关键词之十——感情

想要管理好自己的下属,不仅要在工作上严格要求他们,更重要的是在工作之外要加深与他们的感情,让他们对公司有一种归属感。所以说,你要有"感情投资",只有这样,下属才会听从于你,在公司的发展中,他们才会发挥更大的作用。

感情投资，丰厚的回报等着你

冰冻三尺非一日之寒，领导之位也不是一日练成的。从毕业生、职场新人、无经验的下属到有能力的下属，经过种种磨炼后，你才能坐到了领导的岗位。想想在你的职业生涯中，最感激、最愿意为之工作的领导是谁呢？想想你最讨厌、最不想在其手下工作的领导是谁呢？得出的结论往往会给你现在的工作一些指导。

职场是个小社会，人和人都避免不了发生关系，需要得到别人的帮助。有些领导总会给下属一种格格不入的感觉。有人不以为然，"跟我在战场谈感情？有没有搞错？"其实，这类人最应该知道，管一群人可不像摆弄一个零件那么简单。

人是有感情的动物，不是一发指令他就能像机器一样丝毫不差地去执行。"感情"在职场上发挥的是一种磁铁的功用，它能够把人凝聚在你的身边，能够使管理变得简单。它是一个无声的号角，只要你吹响它，就能使下属毫不怀疑地向前冲。管理固然有规律可循，但是情感会给它加上一个弹性，这个弹性会给你的成功增添一个助力。

一家公司有两个经理，都是高学历的人才，并且经验、年龄都差不多。不同的是，两位管理者的性格和为人处世的方法非常不同。一个经理为人和善，跟下属相处起来非常融洽，对下属恩威并施，分寸得当。他对工作很是严格，但从不打击大家的工作积极性。有谁犯了点错误，私下严格批评，让其吸取教训，但是对上级汇报的时候，总是自己把错误承担下来。每次出差，他都不忘给下属带点礼物；谁要是生病了，他主动给假让其休息，他说只有身体好才能工作好。别的人对他说，"保护下属不是好事"，可他不在意。

而另一位经理则对下属非常严厉，非常信奉狼性管理，严厉有余，温情不足，有时甚至还有点不通情达理，没有一点人情味。例如，有一个下属因为家里有人突然得了急症，下午上班迟到了几分钟。本来这个下属平时非常守时，谁想到这一次意外却被这个领导在会议上严厉地批评了，而且宣布扣除当月奖金。这让同事们都愤愤不平。

不久，公司内部要进行人事调整，富有人情味的那位经理因为人心所向被提拔为总经理，而那位严厉的经理，因为工作方法不当，使公司损失了好几个难得的人才，还留在原来的岗位上。三个月后，他辞职了。

这就是是否进行"情感投资"的区别所在。"水能载舟亦能覆舟"，下属是水，领导则是舟。忽视一个下属，就是在给自己的船上灌一桶水，刚开始看起来没什么影响，时间长了，船翻人亡。

在探讨情感投资之前，我们不妨先做一个测试。你是不是一个受欢迎的领导，看你对下属的情感投资做得好不好，请你回答以下几个问题：

（1）是否在其他下属面前羞辱下属？

（2）是否知道下属的个人情况呢？

（3）是否跟下属无法沟通，或者沟通起来相当费劲？

（4）是否不愿意承担责任，却又喜欢装威风、抢功劳呢？

（5）是否存有私心，对下属过于严苛？

（6）是否常常面如死灰，或者总以严肃示人呢？

（7）是否有关心下属的生活呢？

如果你的答案只有一两个"是"，其他的都是"否"的话，问题并不严重。如果答案中有三至六个"是"的话，那你应该是一个令下属感到压力的领导。如果答案全部"是"的话，那你必定是一位根本不会，也不去对下属进行"情感投资"的领导。

人的感情除了父母亲情是天生的之外，都是需要培养和经营的。即使在学校或在生活中这些相对单纯的环境下，培养感情也不是一件容易的事，更何况在职场上。

投资的意识，简单来讲，就是"想去做"，就是要从内心里接受下属，当他们是你的朋友。你不会对朋友呼来喝去的吧？你会对朋友进行人身攻击吗？你会因朋友家有急事没有赴约而跟他断交吗？虽然朋友和下属无法完全画等号，但是在工作之外把你的下属当成朋友对待，确是情感投资必须要做的。

投资的行动也就是要"做得到"。别嘴上和下属称兄道弟，最后遇到事情，自己明哲保身，把责任推他个一干二净，把下属置于生死境地。这种投资还不如不投资，会适得其反，让下属离你越来越远。

"投资"不是"投机"，需要长远的眼光，需要一个长期的积累、长期的培养才可能获利，而"投机"则是权宜之计。老人们都喜欢说的"这人靠不住，现用现交"，就是感情投机者。由此可见，在职场上对于下属的感情投资，要平时多想、多做，关键时刻才能得到回报。这是每一个管理者都应具有的智慧。

多一点人情味，少一些叛逆心

所谓叛逆，顾名思义，就是反叛的思想和行为等，是一个人无视正常规律，违背他人的想法，做出一些自己认为对的事情。一个人叛逆与否往往与他当时的欲望挂钩。我们说，人在青少年时期很容易叛逆，是因为他们开始意识到自己长大了，想要表现得特立独行，自我意识开始萌芽，有一种很强烈的自我表现欲。那么，成人也会叛逆，领导也会有叛逆的心理吗？

答案是，有。领导不顾下属的想法，完全不在意下属对自己的意见，完全以个人喜好行事就是一种叛逆。作为管理者，"欲望"成就了你，因为有了成功的欲望才能不断地前进，才能坐到你今天的这个位置。但是事情最终也可能败在"欲望"上，因为太过专注于自己，往往忽略了为你打拼的士兵，轻视甚至蔑视他们的利益和心情。

这样的管理者会使下属愤怒、离心，最后将你推翻。也许你的力量足够强大，但是下属们会始终记得孙中山先生的那句话——"革命尚未成功，同志仍需努力"。得人心者得天下，失人心者失天下。最好不要冒着"杀头"的危险，如果你只是想表现一下你自己是多么优秀。

在一个大鱼缸里，主人养了很多条金鱼。在这些金鱼中，大

第十章 微管理关键词之十一——感情

部分体形都比较小，只有一个眼睛长得像大水泡的金鱼的个头比较大。主人喂食时，"大水泡"总是把小金鱼们挤到身后，自己先享用美食。

久而久之，有一条小金鱼忍无可忍，对"大水泡"说："你虽然个头最大，也最有力气，但是也不能太自私啊，毕竟我们都是生活在一起的同伴。"

"大水泡"扑哧一下，笑着说："有本事就和我抢，没本事，就一边去，饿着肚子谁管你。"

小金鱼非常气愤，但是也无可奈何，也只有跟其他的金鱼发发牢骚。大家都说没办法，谁让人家长得大呢？小金鱼不甘心，它开始想着要报复"大水泡"。

接下来的几天，小金鱼不抢食了，它趁"大水泡"转来转去不注意时，在它的眼睛上狠狠地咬了一口。结果水泡丝毫未损，只是上面留了个印迹，"大水泡"回过头来轻蔑地看了小金鱼一眼，说："抢不到食物就咬我，那也没用，你照样还得挨饿。"

小金鱼也不在意，自顾自地游来游去。过了一会儿，小金鱼又趁其不备在原来的印记上咬了一口，大水泡依然一笑了之。

当小金鱼在大水泡眼睛的同一个地方咬了十几口之后，惊喜地发现，这只水泡被咬过的地方开始变薄。

小金鱼想给它一个机会，于是警告它别那么贪婪。"大水泡"依然我行我素，为所欲为。小金鱼终于爆发了，冲上去，使出浑身的力气在原来咬过十几次的地方又狠狠地咬了一口，"大水泡"惨叫一声，从此变成了"独眼龙"。

主人无奈地看了看这只"大水泡"，独眼的金鱼已经没有价值了，于是把它捞起来扔进了垃圾桶。

从此，小金鱼们不用再挨饿了。

故事很长，因为小金鱼抗争的时间就很长。时间虽长，小金鱼最终还是战胜了"大水泡"，它的"革命"成功了。"大水泡"的横行霸道招来了小金鱼的反抗，最后落得被主人遗弃的下场，原因就在于，它没有足够重视小金鱼的愤怒。

小金鱼就是被压制的下属，"大水泡"就是那个没有人情味、自私叛逆的领导。有很多领导总是喜欢我行我素，以自己为中心，要下属臣服在他的脚下。这种自私自利的人恐怕会引来很多人的抱怨，但是他们并不在意，认为"我有能力我就吃肉，你们没能力，就只能做奴隶"。但是奴隶也有抗争的那一天，当他们开始"翻身农奴把歌唱"的时候，也就是你哭的时候了，你这个昔日的"黄世仁"就会遭遇反抗了。

所以，要做一个有人情味的领导，不要听到下属的抱怨就不以为然，更不要指责和妄为。星星之火可以燎原，下属一点点的愤怒和不满，积累下来就会变成很大的力量。因此，要和下属多沟通，多联络感情，从内心为下属着想，对于下属的抱怨要重视，如果盲目地自以为是，最后很可能就无法收拾了。

人情味贵在"情"，"情"贵在"平等"。不以职位论英雄是每一个领导都应该具备的良好心态，每一个人都应该被尊重、被理解。"都是好人家的孩子"，当想起这句话的时候，你也许就不会对他们过于苛责，也不会对他们有任何蔑视了。

为自己的下属争取利益

现在社会上有句话是,"领导吃肉,下属喝汤"。还有一句话,"吃肉的同时,能够给下属喝点汤的领导,就是好领导"。是的,人的本性都是趋利避害的,当你"只管自己吃喝,不管下属死活"的时候,有哪一个下属肯真心为你做事?

工作是为了什么?如果按照格式塔心理学来解释的话,工作首先是为了生存,即衣食住行的温饱问题,然后才是为了实现个人价值等。下属要养家糊口,要穿衣吃饭,要追求更美好的生活。

这就引申出来一个问题:下属的个人权益。很多领导最看重的是公司的利益和自身的利益,而往往忽略了下属的权益。他们认为,下属的权益是与自己的利益相对抗的,是一种你死我活的关系,于是频频要求下属牺牲个人权益来成全他。天天大讲特讲"牺牲精神",大说特说"集体主义",这种行为非但让下属反感,而且还会产生一个很严重的后果,那就是可能会因为这种简单的"加减法"而最后造成两败俱伤的局面。

芳菲创业很不容易,慢慢地,公司也开始做大。经过几年的努力,公司拿到了一个大品牌的区域代理权,她非常高兴。为了能尽快打开局面,把市场做好,她召开了销售会议。在会上,她给每个销售人员详细布置了销售任务,并且订立了全年的销售目标。

三个月过去了，销售成绩不算理想，没有达到预定的季度销售指标。芳菲感到很纳闷，整体销售不错啊，怎么回事呢？经过仔细对比，她发现销售产品的类别比较分散，主打产品的销售一塌糊涂。

业务员之间的对话让她解开了谜团。

一天下班后，芳菲正准备走，听到两个销售员在聊天。

A业务员："你今天的成绩不错啊，一单就走了3万多，这个月你的提成恐怕又是最高的了吧？真羡慕，我推的还是主打产品呢，怎么就上不去呢？"

B业务员："今天的客户就喜欢这款，再说卖这款利润500多元，我的提成不也能多一百多吗？"

B业务员不仅是公司骨干，而且还是公司的小股东，他尚且如此，更别说其他业务员了。

芳菲应该反思，即使主打产品的利润空间非常大，是公司的经营策略中很重要的一部分，但是下属看重的是个人的利益。下属是执行者，如果你不把他们的"胃口"哄好了，整体策略也就变成了纸上谈兵。

一般来说，下属的权益和公司的利益是不一致的，很多情况下会产生冲突。发生冲突怎么办？要求下属牺牲？恐怕根本办不到，即使看似服从，大多也都是阳奉阴违。为什么？一句话：他们要生活，还要更好地生活。

如何协调这两者之间的矛盾是很多领导非常苦恼的事情。割肉喂鹰？未尝不是办法，自己心痛的同时，要是把下属喂上瘾了，整个公司会被拖垮。不给吃草？下属没有权益就不会努力工作，这样整个公司就暗无天日了。

就没有办法了吗？别忘了你是管理者，是公司政策的制定者。如果能有效地利用政策，把下属的权益和公司的利益统一起来，形成一种双赢的局面，就能达到两者的平衡。"共赢"这个词是现代商业社会中大家最喜欢用的。其实，在下属与管理者之间，只要能够从人性出发，尊重下属的权益，有效地进行疏导，就能够达到"共赢"。

这就需要管理者从客观出发，把下属的个人权益当作一种正当的诉求。否则，你即使以各种名目去表现关心下属的疾苦，最后下属也不买账。

简单的"加减法"式的利益权衡已经不适合当下的职场，"共赢"才是硬道理。有些领导喜欢给下属大讲人生哲理、职业理想等，可在下属看来，这些都不如给他们发点奖金来得实际。下属虽然有些方面不如你，但是他们知道："只要是为人民办实事的就是好官，为下属谋利益的就是好领导。"

好兄弟，讲义气

"好兄弟，讲义气！"这是在陈小春版电视剧《鹿鼎记》中韦小宝经常挂在嘴边的一句话。韦小宝靠"朋友"打天下，尽管在读者看来，他是"见人说人话，见鬼说鬼话"。反过来一想，如果我们身在其中，他的这句"好兄弟，讲义气"一样会管用。

韦小宝为什么会成功？他的这种"讲义气"在中间起到了很大的作用。在厚黑学中，感情和关系不是平白无故的，尤其是在职场上。既然要想让下属努力工作，就必须付出自己的感情，用"感情"套牢下属。

这看上去有些腹黑，但是非常有效。人非草木，孰能无情。你付出了感情，下属自然就会将心比心。得到的结果就是你会有一种强大的"磁场"来吸引下属为你工作。当然，首先你得付出，付出才有回报，下属不是傻子。

王珊在一家进出口公司工作已有三年了，现在已经坐到了部门经理的位子。对一些刚进公司的新人，他经常关照他们，也主动教他们东西，经常跟他们讲公司的谁谁谁是什么性格，跟他相处要注意什么什么。

王珊为人十分和善，私下也和下属们经常聚会，把下属当成自己的兄弟。他说，这样大家工作起来就会非常愉快了。有时候下属工作中出现什么小差错，他也会为之承担下来。因为他知道，这点小错误对他来讲不算什么，但是要是发生在下属身上，是要卷铺盖走人的。

不久，公司分配下来一个重要的任务，王珊正巧家里有急事。正值中秋将近，很多人都盼着放假回家。有一个下属看他状态不对，就主动问起。得知情况后，有两个人表示愿意放弃休假，替他完成工作。这让他非常感动。其中一个下属甚至都没有在一起吃过一次饭。可这个人说："我只是不愿意参加集体活动，但是我知道你是个好领导。"

这位领导的付出换来了下属们对他的真情。即使看上去没有什么交情的人，也愿意为他牺牲。这就是魅力，一个领导的魅力。

中国有句话，叫义薄云天。讲究情义是人性的一大特点，中国人尤其如此。"生当陨首，死当结草"，"士为知己者死，女为悦己者容"，无一不是"感情效应"的结果。作为领导，一定要知道这其中的学问，要不失时机地对下属进行感情投资。只有自己付出了，下属才会看到你的诚意，然后为你付出义气真情。"台上一分钟，台下十年功"，"养兵千日，用兵一时"，长期的投资才能换来关键时刻的临门一脚。

现实生活中，许多身居高位的大人物会记得只见过一两次面的下属的名字，在电梯上或门口遇见时，点头微笑之余，叫出下属的名字，会令下属受宠若惊。有人说："世界上没有无缘无故的爱。"掌权者对部下的一切感情投资就是这样的。

要想做一个富有人情味的领导，还要在工作中多帮助下属，为下属谋求利益，培养下属，让他们成长，这才是一个真正的好领导。这样看来，语言和行动要统一。还有一点需要注意：要发自真心，只有"真的"才无懈可击。

"将心比心"，你想要别人怎样对待自己，那么自己就要先那样对待别人。只有先付出爱和真情，才能收到一呼百应的效果。这里有一个字很重要："先"。先就是主动，最好少掺杂目的。只有你"先付出"，才会有下属"后义气"，两者不能颠倒。

多为下属谋福利

中秋节时，有的公司发月饼，有的公司直接发现金，有的公司给下属的子女建幼儿园，有的公司给他们的家属安排工作。为什么？这都是在给下属谋福利，我不说你也知道。

有的领导认为："我已经给下属发工资了，还要什么福利？"下属的福利，简单来说，就是下属在生活上的利益和待遇。它是下属工作报酬的一部分。下属需要衣食住行，需要切切实实地被企业照顾。这不仅是需要，而是一种必须。因为福利是下属为企业付出后应得的一种报酬。

还有的领导在给下属发劳保用品时，还在心理偷偷地笑："又节省了点奖金了，省钱就是赚钱啊。"殊不知这是短视的行为。俗话说："会花钱的人才会赚钱。"肯为下属花钱的领导，下属才会让他赚更多的钱。

张总原来在国营单位上班，后来自己创立公司。在下属的福利上，他习惯了国有企业的那一套，时不时地在过节时发点劳保用品、饮料、食用油之类。每回公司派车采购回来，乱哄哄地一阵忙，下属们有的用自行车驮，有的打车，还有的零打碎敲地往家拿。

一年春节前，他的朋友来公司看他，正赶上他们发东西，每个下属两大捆卫生纸，一小桶食用油，几大桶可乐，一箱芦柑。十几个下属每人前面一小堆，不少人正发愁怎样往家拿。打个车吧不值，坐公共汽车吧又拿不了。

朋友对他说："发这些东西干吗，不好拿不说，多费人力。"

他高声回答道："这你就不明白了吧。过节发这些东西让下属拿回家，下属家属一看就觉得咱公司福利待遇好，下属多有面子啊。这些东西摊到每人头上才一百多元，看起来又一大堆，多合算呀。"

朋友又问他："你公司下属不一直嚷嚷着要上劳动保险吗？

有钱你还不如把保险给下属上了。"

"谁上那个呀，每人每月公司要多负担好几百元。"

正在他为自己的高策沾沾自喜的时候，好几个骨干都提出了辞职。

据当时在场的人说，大家一致认为：老板拿几十元钱的东西糊弄人，劳动保险不给上，年底奖金不兑现就是他们要走的直接原因。

下属不是小孩子，给几块糖就能哄听话的。他们需要的是切切实实地被关注，切切实实地得到自己应该得到的福利待遇。站在下属的角度去考虑，他们真正需要的东西才是你应该提供给他们的东西。只有这样，他们才把你当自己人，才会愿意努力工作，而不是跟你"离心离德"。

目前多数企业下属的福利性项目的一般情况有以下几种：

（1）红利。

（2）奖金。指年终奖、竞赛奖金、研究发明奖、特殊功绩奖、久任奖、节约物料燃料奖金及其他非经常性奖金。

（3）法定或商业性保险。

（4）春节、端午、中秋节给予三节金。

（5）医疗补助费、劳工及其子女的教育补助费。

（6）下属接收顾客的服务费（各类送货费、小费等）。

（7）婚丧由公司致送贺礼、慰问金或奠仪等。

（8）职业灾害补偿费。

（9）劳工保险及雇主以劳工为被保险人加入商业保险支付的保险费。

（10）差旅费、差旅津贴、交际费、夜班费及午餐费。

（11）工作服、作业用品及其代金。

（12）其他经营企业主管指定或批准的福利项目。

你做到几个？有没有成为下属心中的自己人呢？

职场上有句话说："小公司靠老板，大公司看制度。"在小公司，老板要想让下属成为自己人，就要在福利上下功夫。例如，有一个小公司，一共有10个人。中秋前一天，公司新来了一个下属。第二天公司发福利的时候，每人领到了200元钱，唯独新来的下属没有。这个举动让大家很诧异，省200元钱缺失了人心。在小公司是这样，那大公司呢？大公司要想让下属有归属感最重要的就是要建立一种富有人文关怀的企业文化。

君子一言，驷马难追

古人云："君子一言，驷马难追。""驷马"指古代用四匹马拉的车子。人们用这句话表示说话算数，不能反悔，也就是现代社会讲求的"诚信"了。诚信无论在生活中还是管理中都非常重要。这里，我们站在管理者，也就是领导的角度，对"诚信"一词做点研究。

李世民在位时，对臣僚敞开胸怀，不行欺诈之术，臣僚也尽忠职守，不搞欺瞒哄骗的官场伎俩。有一次，李世民下令：不满十八岁、体格健壮的男子也要应征入伍。大臣魏征拒绝在诏书上签字。李世民说："这是因为奸民逃避兵役，故意瞒报年龄。"

第十章 微管理关键词之十一——感情

魏征回答说:"陛下常说我以诚信待天下,要人民不可诈欺,可你却先失去诚信。陛下不以诚信待人,所以先疑心人民诈欺。"李世民深以为然,立即收回成命。

君子一言,驷马难追。一个君王如果不讲诚信,何以立国?在现代的公司中,领导不能获得下属的信任,往往症结就在于领导本身没有诚信。答应的升迁迟迟推后,答应的年终奖迟迟不发,总喜欢拿美好的前途吸引下属,但到了落实的时候,不是公司面临困难,就是指责下属工作不认真。

忙了整整一年,年终结算时,有位年轻的业务人员按销售业绩可以拿到 3 万元钱的销售提成。这位业务人员美滋滋地盘算着,这下可热热闹闹地过个好年了。兑现时,老板支支吾吾,一会儿说公司的资金周转困难,一会儿说提成比例的百分点算错了,始终不愿马上兑现给这位年轻的业务人员。

之后,老板承诺:只要业务员能把公司上个月的货款追回来,便给他双倍的年终奖。这位业务员想着这个任务不错,于是跑到外地去收款。谁知道,那家欠钱的公司说已经跟老总说好了,年后放款,说什么也不肯提前。

业务员只好回公司质疑老总。老总说没办法啊,公司现在账上没钱。于是,业务员和老板由争吵发展到动起了拳头,最后闹到了派出所。

就像故事中这位公司的老总一样,很多管理者都是言而无信者。他们总喜欢把说出的话当空气,一旦有人较真,他就会以各种借口来狡辩,对下属很少尊重。这种领导一定留不住人才,相反会因为自己的这种做法流失很多客户和市场,一败涂地也是可能的。

  多数人把信任看作是一种感情或情绪。实际上，感情是不稳定的，是不能依靠的，而信任的基础则是可预期的与可依靠的。在管理下属时，首先要做到是管理自己，做到心口如一。心口如一并不意味着你要把所想的都说出来。但是，一旦你说了什么，就必须是你的真实意图。言行一致也并不意味着观点是不能改变的，但要把改变告诉相关人员，并说明改变的原因。

  总之，让下属相信一个"说一套，做一套"的领导是很困难的。所以，一个有威信的领导，首先能够做到"言必信，行必果"。

  管理者不是监工，也不是皇帝，不可能拥有绝对的权力。在竞争如此激烈的今天，人才是企业走向成功的关键。所以，要想留住人才，就必须赢得下属的信任。诚信为首才能拉近与下属的距离。行动比语言更有力，这并不是什么深奥的哲学，就是少说空话，多做实事。也许正是因为太简单了，它往往被许多人所忽略。许多人看重的是领导的权力，更多地想知道"怎样让你服从我"，而不是"我应该怎样做才更具影响力"。构造影响力的一个重要因素就是你的行为。当一个领导口是心非，只说不做，只听到雷声而不见下雨，这样会逐渐丧失掉你的威信。

多向下属虚心讨教

  每一个人的经验都是有限的，思维和工作方法都会有盲区。作为领导，对待工作要谦虚，学习他人的长处，积累更多的经验，进而发挥自己的才能,才能有更高的权威。反之,领导自以为是,目空一切,只能阻碍自己的发展,失去自身的权威与下属的支持。

权威是什么?不是一顶高帽子、一个职位。作为一个领导,你要能够掌控得住局面。拿什么掌控?这就要靠你对工作内容有多大的了解,对工作中遇到的问题有多大能力去解决。工作不是一成不变的,在现在这个高速发展的年代,个人的知识都多少有些滞后性。

怎么走在最前沿?简单来讲,抓住主要矛盾,从基础问题入手,了解客户,了解消费者,了解你的公司面对的群体。这就要求管理者随时向下属讨教,因为他们是最接近客户的人。

张总是一个花果茶品牌的经理。就像很多创业成功的人一样,他非常看好自己的产品。公司最近推出了一款"红糖老姜茶",功效是改善女性的痛经。其实,这个类型的保健茶在市场上非常普遍,已经有不少知名品牌了。张总要求企划部门做出高端的推广方案。

周一开会时,张总对于两个呈上来的方案非常不满意,说:"我们的产品有五种成分,可以说的很多,为什么你们现在给我的就是这样一个简简单单的文案?"最后,他愤怒地说:"今天不做完不下班。"

他觉得非常懊恼,认为下属偷懒。当他不经意间走过企划部时,他听到了这样的对话。

"红糖老姜茶?看这个名字消费者就知道是干吗的了,红糖、老姜、蜂蜜、菊花全都写上密密麻麻的疗效?当电视购物啊?"

"就是的,本来我们定位的是都市白领一族,可是包装设计得那么'挫',张总还觉得好看。要是我,我也不会买,即使下调价也不会买。"

"唉……不知道张总怎么想的。我做了市场调查,对于这种既传统又时尚的东西,很多人就喜欢简单而有感觉的表述。"

听到这里,张总恍然大悟。原来下属也许对于产品不如他了解,但是对于消费者却比他了解得多得多。

这就是为什么要向下属请教的原因,因为他们是接触市场的人。也许他们没有制定方案和统筹全局的能力,但是他们有一把你没有的利器——"信息"。如果他们因为公司机制等原因没有及时反馈给你,你就要主动、虚心讨教。掌握了一线情况,你才能够掌控整个局面。

有些新上任的领导往往喜欢说,"这件事要这么做才对"或"我以前的公司不是这样的",这样会引起下属的反感。刚踏上一片新的土地,最重要的是站稳脚跟。秉着尝新的态度去开始一项业务,即使对此项业务很了解,你也要对下属说:"我初来乍到,请你们多多指教,业务上的事情,欢迎跟我探讨。"

有些则是老领导,老领导觉得自己完全能够掌控局面,但并非如此。例如,一个房地产企业做活动时,销售人员发现有的买房人会带孩子来看房,于是提出为孩子们准备礼物。领导一听便说:"我们的客户是家长,花钱哄孩子干什么?"最后,隔壁的楼盘因为一个"全家总动员"的活动,在开盘第一天就被抢空了。

即使看到了向下属学习的好处,可是有些领导还会说了,"向下属学习,不仅没面子,而且会有损权威"。拿权威来说事,还是那句话,权威不是一顶帽子,而是你在下属心中的威信,只有尊重下属才能建立这种影响力。一个好的领导是一个有"影响力"的领导，而不是一个"帽子"足够高的领导。

我们应该提倡的是，"像领导一样思考，学着像下属一样工作"。这样才能使思想决策和工作细节统一起来。思想决策是管理目标，工作细节是执行以及问题。缺思想，碌碌无为，缺细节则泛泛而谈，只有把两者结合起来，你才能使企业不断进步。

向下属虚心讨教吧。孔子曰：三人行，必有我师焉。这让我想到了金庸的《天龙八部》里的顶级武功之一"北冥神功"：内力既厚，天下武功无不为我所用，犹如北冥，大舟小舟无不载，大鱼小鱼无不容。使用它可以吸取他人的内力以供己用，是迅速提升功力的捷径。下属的智慧也许是小鱼小舟，但是只要吸收了，就能为自己所用。

尊重下属的兴趣

每一个下属都希望在整个企业中有"参与感"，这就要求领导尊重并信任每一个下属在企业中的重要性。布雷希特的《用心管理》一书中指出：下属要三样东西：一个有意义的工作、有一定的参与感、良好的人际关系。这些东西是建立在公开、诚实、信赖以及尊重之上的，并以贯彻执行做基础。尊重下属的兴趣爱好是达成这些必不可少的一个环节。

下属的兴趣？那不是私人的事情嘛，跟工作没有关系。如果你这样想，就大错特错了。人都希望有人欣赏，不仅欣赏他们的能力和知识，还希望自己的兴趣爱好得到他人的赞许。如果领导足够重视这一点的话，会对工作产生意想不到的促进作用。

人的兴趣和爱好往往具有一种强大的推动作用。面对兴趣，人会产生一种不由自主的兴奋感。当公司尊重他们的兴趣时，他们会把这种兴奋感带到工作中，这样工作效率就提高了。

张芳喜欢听音乐，对乐器也有一定研究。她在一家建筑设计公司当行政文员。按说她的工作内容并不多，就是一些简单的行政工作。公司制度非常严格，上班时不允许听歌，让领导看到有人在做与工作无关的事，就准备挨一顿骂吧。公司的一位设计助理就因为上班时间画漫画而被严厉警告。为此，同事们都不敢越雷池一步，有时闲下来，想做点自己有兴趣的事情，也都用余光盯着领导的办公室。

这天，一个大的房产客户来公司谈合作。张芳为客户和领导准备好咖啡，准备转身离去时，看到办公桌上放着一份楼盘设计图。她情不自禁地看起来。这个建筑是复古的中式风格，但是设计图上却出现了竖琴。竖琴是希腊的，可能是设计人员把竖琴和中国的古琴搞混了。

她脱口而出："错了，怎么能用竖琴？"

领导瞪了她一眼，然后提示她赶快离开。

谁知客户对她的话很感兴趣，竟然没有跟领导谈事情，开始跟她聊起了天。

最后客户说："这个图是我们之前的设计，我不大满意，于是找到你们。看来我是找对了，连一个倒咖啡的小姑娘都能这么专业。建筑是凝固的音乐，你对建筑也很有悟性啊。"

领导大吃一惊,没想到:不务正业也有这种积极的效果。

工作和兴趣不是对立的,不是你死我活的关系,而是一种共生的关系。用兴趣滋养工作是一种很好的方法。

一个把工作和兴趣都处理得很好的人,是真正的强者。他善于把自己的兴趣(动力)和占地盘(压力)结合起来,他懂得要生存好,才有可能让自己的兴趣得到发展。但同时也知道,如果仅为了生存去做事,而不重视他个人的兴趣,他最终会连生存都厌倦了。

的确,有些下属不能做到这样成熟的。要么以兴趣为借口不去争取更好的生存条件,要么把兴趣晾一边,工作起来非常压抑。这时,领导做的就是帮助其找到工作和兴趣的最佳结合点。你需要做到以下几点:

1. 尊重下属的兴趣

尊重指的是要做到人与人相处时不必说出的五点要求:纯粹倾听,不带批评;接纳差异,不做指责;肯定别人独特的品格;多往好的方向去看;以关怀之心告诉别人你的真正想法。只有这样,你才能站在一个公正的角度对待下属的兴趣。

2. 把工作和兴趣分开

刚还说要尊重下属的兴趣,为什么还要分开呢?这里的分开不是要你把下属的兴趣从工作中排挤出去,而是要接纳进来,然后把两者做一个有效的区分。比如,公司举办活动、旅游、聚餐的时候,要下属充分地表现他们的兴趣爱好,组织足球赛,等等。

这样就能让下属有一个时间管理的概念,"什么时候做什么事"。这不仅会使工作效率提高,兴趣活动也使下属更加释放自己。

3. 创造工作与兴趣结合的可能

有人喜欢文字,有人爱说、爱和人打交道。你把一个爱交际的人放到办公室里,而把喜欢文字的下属派出去给你招揽业务,显然是不合适的。了解下属的兴趣爱好和个性特点,然后根据他们的意愿去进行分工,这样才是一个相对科学且又人性化的管理。

由此看出,尊重下属的兴趣不仅是"不制止"这么简单,而是要有效地疏导和规范。这就需要企业建立一个特别的下属资料库,收集下属的趣味资讯。比如,下属的特殊嗜好、特殊兴趣、外语能力如何?是否会弹奏乐器或演唱?会不会书画或漫画?喜欢的书籍、电影或音乐类型,等等。

下属的个性资料库是领导进行兴趣管理的一个重要的参考资料。根据这些资料,你可以在内部成立一些非正式的组织,就共同的嗜好、兴趣互相切磋、学习,比如旅游团、合唱团、乐团等。这样,大家在工作或在家庭上有问题时,便找得到人协助,企业也能借此发掘出以前所不知道的资源。不过,最重要的是,这样可以把下属当作完整的人来看待,而不只是"工作人口"。

尊重下属的兴趣,首先一点就是把下属当做一个完整的人看,只有内心里接受了这个,你才不会因为下属的一些习惯、爱好等原因而对其产生偏见。现代工业革命之后,人往往被"物化"了。下属是企业的一颗螺丝钉,一个机器等说法被很多人接受甚至是推崇。随着经济的发展，人们发现，"人"的价值被低估了。只有抓住人心，才会获得最终的成功。

让下属帮自己一个忙

经理大多是叫下属该如何如何去做，而绝少谈一个帮字，其实，这小小的一个"帮"字却是大有名堂的。

经理与下属是上下级的关系，命令下属是很平常的事，但若经理在吩咐去办事的时候说"帮我去做××"，这样上下级的关系一下子就拉近了，下属心里多半会这样想："客气什么？我办就是了！"这样下属就很乐意去办事，因为他从中感到了一点平等。既然经理说了"帮"，就说明经理没有摆架子，而是把下属当作一个平等的人来看待。

在吩咐下属做工作时可以说"帮帮忙"，这样给人一种平等感。有时候，经理如果有一些工作之外或是工作之中的事没时间去做，而且是比较重要的事，这时也可以求下属帮助。比如经理的老母亲要从国外回来，自己工作太忙而抽不开时间去接，于是，把下属叫来，让他帮忙去接一下，这样就给人一种既敬业又孝顺的形象，经理在下属心中的地位自然提高。从下属方面来看，经理连这些事都托我去做，说明经理是把我当自己人，还十分器重我，想到这里，下属心中当然是十分高兴，工作起来也就更有信心。

管理者要能很好地统御下属，就应把自己的善意传达给每一个下属，让他们的心属于你。求下属帮忙则不失为一种好办法，但在这个问题上必须有所注意：一是自己能做的日常琐事最好不要让下属帮助；二是尽量让下属从做事中得到收益，他们才会不厌其烦地做下去。

与下属同甘共苦

下属与领导一起共事，或许目的各异，有的为挣钱，有的为求发展等等不一而足，但大家一般都有一个共同的思想，就是要把事情办好，这样对每个人都有好处。

管理者要统御下属，除了规章制度的制约、权力的运用之外，就是要紧紧抓住下属的心，让他们尊重你、服你。而要做到这一点，关键是要让下属感到你就在他们的身边，时时刻刻与他们的心在一起。

一些管理者在下属中的口碑很好，其主要原因之一就是能与下属打成一片，与他们同甘共苦。

前人的经验说明，要征服自己的下属就应该与他们同呼吸、共命运。

在困难的时刻，领导也跟下属们一起吃苦，这样，上下级关系一下就拉近了，下级感到领导是那么地亲近，而领导则会更深一步地体察到下级的难处。其实，在多数下属看来，工资待遇这些都不是最重要的，关键是领导能够关心他们，理解他们。与下属一同吃苦，这便是最好的理解，"此时无声胜有声"。

与下属同苦，还应共甘，切不可"兔死狗烹"，过河拆桥。

成功是大家共同努力的结果，有领导的一半也有下属的一半。领导最好与下属共同分享成果，而有的领导偏偏私心太重，在困难的时候对下属真是百般拉拢，但一旦情况变了，领导也变了，他把大部分的利益都纳入自己名下，而不顾及下属。这样下去，在你重陷困境的时候，下属就不会与你一起渡难关了。

"同甘共苦"不是嘴上说的，而要体现在实际行动上。

帮助下属等于帮助自己

领导与下属在工作中是一种上级与下级、领导与被领导的关系，但在实际生活中却是平等的，因为除了工作关系之外，人都变成了普通的人。人与人之间希望能互助和谐，因为人在世上不可能不需要别人的帮助。有人总是向往别人能给予自己帮助，但自己却付出甚少；有人抱着一颗利他人之心，时时处处帮助别人，最后在危急时刻，温暖的慰藉、无私的援手如雪花般纷至沓来，真是"无心插柳柳成荫"。

有句话是：予人方便，予己方便。那么借用一下就是，给他人以帮助，到时人家自然就会帮助你，即助人等于助己。

现在有句时髦的词叫"感情存储"。帮助他人如同把一笔钱存入了银行，最终是会有回报的。一个人不可能没有难处，做领导的也是。如果平时没有一颗爱人之心，给别人以帮助，别人也不会帮助你。领导要想在关键时刻得到别人的帮助，平时就应关心下属，时时刻刻地为他们解决工作、生活方面的难题。

有位领导这样说起自己的成功经验。他和自己的下属同住在一幢职工楼里。刚进企业的时候，下属和自己的前任关系很僵。于是，这位领导一开始便注意从生活中的小事做起，关心下属，给予他们切实的帮助。经过一段时间，下属都感到领导是一个好心人，于是更加努力地工作。这位领导正想说："这个月有重要任务，需要加把劲才能完成啊！"下属们就笑着说："老总，我们都知道了，有大伙儿在，没问题。"真的，没多少工夫，工作任务就完成了，真正是人心的力量大。

领导如能真心帮助下属，便会使下属感恩戴德，危难时就是赴汤蹈火也在所不辞。最后，还是自己帮了自己一把。人如果在大灾大难之时能得到你的帮助，他定会记你一辈子。